JN238245

Wonder Recipe
Hiroshi Soeda
ワンダーレシピ
「うまい！」が見える47皿のスケッチブック
添田 浩
工作舎

# 「ワンダーレシピ」へのご招待

今から二五年前、東京青山にキハチ一号店が誕生しました。地下に、三浦半島から届く新鮮な天然の魚介類を販売するフィッシュ・マーケットがあり、その横には、無農薬野菜、無添加の調味料が並んでいました。一、二階のスペースは、その素材を最大限に生かすレストラン……それがKIHACHIのスタートラインでした。

大反響を呼んだこの店のメニュー・デザインには、「ワンダーレシピ」の著者、添田浩さんの手書きのスケッチを使いました。彼とは、私があるところで八年ほど料理サロンを開催した折、助手を努めていただいて以来のおつきあい……当時はそんな偉いデザイナーとはつゆ知らず(笑)……。

その添田さん、私が料理をつくっている横で、カレンダーの裏や手近にある紙に、料理手順をスケッチしていたのです。その早さと手際のよさにまず驚きました。

そしてそのスケッチは、野菜は活き活き、魚だったら今にも泳ぎ出しそうなほどに美しくて見事。

しかも彼は、残った食材を使って手早く料理をつくるのですが、これがまた美味い！　天は二物を与えずとはいいますが、添田さんは別格。

是非とも、一人でも沢山の方たちに本書を見ていただき、写真では表現できない美味しい魅力いっぱいの、グルメ・スケッチの醍醐味を堪能していただきたいと思います。

私の一押し本です！

熊谷喜八

「ワンダーレシピ」へのご招待……熊谷喜八——002

MENU

## はじめのレシピ

**［グレープフルーツのオードブル］**——012
料理好きへのファーストステップ。これをやると絶対に料理が好きになる!!



## 春のレシピ | *Spring Recipes*

**［アボカ豆腐］**——016
ちょっと置きすぎたかな？　の柔らかアボカドがあったらぜひつくってみてほしい。

**［クロック・ムッシュ］**——018
これが本当のクロック・ムッシュなのさ。

**［ソース・ムタールとぶっかけサラダ］**——020
日によってハムとチーズだったり、ミニオムレツだったり、トーストパンにのせて上からサラダをぶっかける。

**［サラダ・ニソワーズ］**——022
フランス人は、太陽があたって緑色になったじゃがいもを好むらしい。

【スモークサーモンのアボカド巻き】――025
アボカドで巻くんだぜ！　考えただけでぞくぞくする。ババロアのまわりのビスキュイの壁のように……。

【中華鶏サラダ】――028
叩いたり、千切ったり、むしったり、納得の下処理が生きる……。

【ローストビーフ・サンドイッチ】――030
かたまり肉をローストして、いきなりローストビーフ・サンドイッチ。

【コキーユ・サンジャック・ア・ラ・パリジェンヌ】――033
ソース・パリジェンヌがすごいんだ。これさえあれば一瞬のうちに納得のフランス料理に……。

【春キャベツ巻き】――036
……煮たもの？　……それとも焼いたもの？

【手打ち麺の野菜焼きそば】――039
手のひらで一本一本……、正真正銘の手打ち麺でつくる。

【ポーク・シャルキュチエ】――042
豚肉だったらこのソース。……それがシャルキュチエ。

【筍のサイコロ・ステーキ】――044
あくも強く歯ごたえしっかりの根付の部分を、じっくり焼き上げたときの気分……最高だぜ。

【めばるのポアレ】――046
新ごぼうのキャラメリゼとルッコラのサラダと一緒に……。


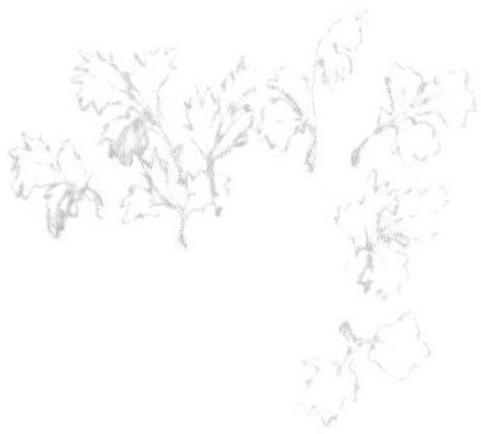

## 夏のレシピ

*Summer Recipes*

**［パパイアのフラッペ］**――050

意外とこれが、ガッツリ食うときの前菜にいけるんだ。

**［カルパッチョ・アル・フォルノ］**――052

カルパッチョ、今日の素材は肉じゃなくって魚。アル・フォルノがついて火を入れた……ってこと。

**［ポッロ・トナート］**――055

あぁ、あれね。夏の一皿だよ……そんな言葉が返ってくる。

**［パエリア］**――057

いよいよ待ちに待った、パエリアの季節の到来だ！

**［柿の葉寿司］**――060

奥吉野に寿司の原典を訪ねて……。柿の葉に、いまこそ主役を演じてもらおうではないか。

[プッタネスカ]――062
大満足！　のピアット・ウニコ……ピアットは皿。ウニコは唯一。前菜も主菜もなく、一品料理をこう呼ぶ。
[卵ドライカレー]――064
口の中で全部いっぺんに噛み合わせると、これってお菓子なのかといつも思う……。
[あつあつとろ～りのパスタ]――066
夏といえば、茄子。白茄子でもピンク茄子でも何でもいいんだ、と料理人たちはいう。
[ペキンダック・サーニー]――068
サーニーはサンドイッチの略！　薄餅《パピオン》のかわりに、イギリスパンを蒸したのを使うからなのさ!!
[づんだ寿司]――070
東北の田舎の家庭の味を巻き寿司に。
[ブルーベリーのパンケーキ]――072
クリムゾン、狐色、琥珀色、純白……皿を何にするか迷うほど美しいぜ！

# 秋のレシピ | *Autumn Recipes*

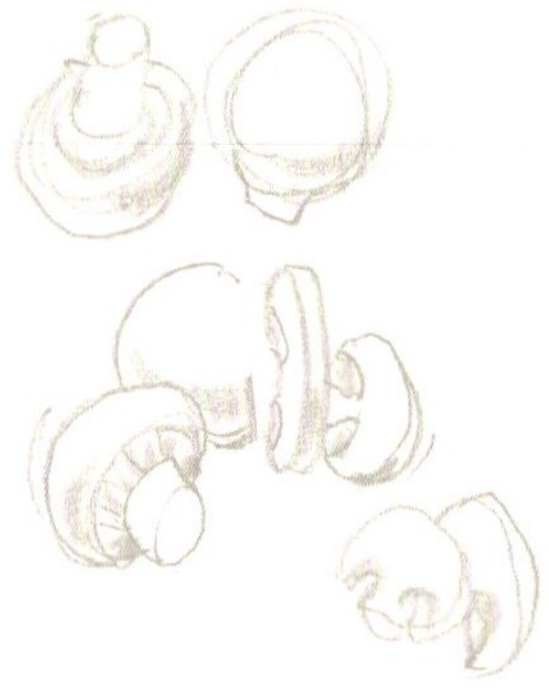


［ハムとチーズと卵のガレット］——076

三つとも揃っているからコンプリート、だよね……そう呼ばれるだけの組み合せだ!。

［アボカドと海老のコロッケ］——079

オランデーズは、ぜひつくれるようになっておいてほしい。ステーキに合わせてもいいし、何にでも合う。

［三色漬丼］——082

まぐろの赤にオクラの薄緑、山芋の白、だから名づけて、「三色漬丼」!!

［鯖のタルト］——084

カリカリのパイ皮……それからキリキリに冷やした白ワイン……。

［ポルチーニ茸のタリアテッレ］——086

定食屋《トラットリア》さんのママの味は、意外とさっぱり……。

**［パスタ・ベイク］**——088
古いイタリア料理本にレシピがあったんだそうだ。でもこれ、イギリス人のいう話なもんで……。

**［仔羊のロースト］**——090
「プロヴァンスの香り」を感じる素朴で自然のありがたい味にあふれているような……。

**［三枚肉のとろとろ醤油煮］**——092
チンゲン菜をたっぷり、一緒に食べ合わせると、こってりとサッパリ。飯によく合う。

**［海老のフリット］**——094
まだまだ暑い初秋の頃になると、この料理をつくる。

**［スペアリブの腐乳焼］**——097
神戸の街並を歩くと、いつも想い出すとっておきの一皿。

**［孫さんの炒り卵］**——100
そうです、完全に料理になっていますよね、これ。そう、そう、これが料理ってことなんですね。

## 冬のレシピ ｜ *Winter Recipes*


**［甘鯛のかぶら蒸し］**―――104
器が白、かぶらが白、甘鯛がシロ、あくまでも白。

**［マックロー・バンブロン］**―――107
味噌じゃなくってワインで煮て、一晩煮汁に漬け込んだ、フランスの鯖料理。

**［リガトーニ漁師風］**―――110
アドリア海、港町での一皿。そうかそうか、この味か……。

**［グジェール］**―――112
フランス、ブルゴーニュ地方の香ばしいおつまみ。

**［鴨蕎麦がき］**―――114
簡単、簡単。鴨を加えて、旨さも格別。

**［フルーツ味のパスタ］**―――117
ホームメイドのドライトマトを使って、やみつきになる一皿を。

**［ピザラディエール］**——120
どこの店のメニューにものってない。聞いたことはあるんだけど……。

**［コッコバン］**——122
ソースを詰めるプロセスが僕を夢中にさせる。素材はいたってシンプルなんだが、このプロセスがフランス料理。

**［牡蠣の炊き込みご飯］**——125
つくってみて、食してみて、その格調の高さには、いつも姿勢を正す。

**［すき焼き］**——128
あの日の「おばちゃん」のレシピから……。

**［タルト・タタン］**——131
フランス伝統のりんご菓子の再構成に挑戦！

**あとがき**｜*digestif*——136

# 料理好きへのファーストステップ。
# これをやると絶対に料理が好きになる!!

*Hors-d'oeuvre of grapefruit*

**[グレープフルーツのオードブル]**

● グレープフルーツ、半分に切って、切り口を上にして、小さいスプーンで果肉をほじくって、口に運ぶなんてもってのほか。大きなテーブルスプーンで一房二房、ほおばってこそ、グレープフルーツの魅力を味わいつくせるというもの。

● 僕のおすすめのこの切り方、というか剥き方、フランスではこちらが一般的で、汗ばむ季節のオードブルの一品だ。まず白いところがなくなるまで、ていねいに皮を切り落とす。包丁の刃の上げ下げのテンポはアレグレット、意外に速い。刃先が果肉に入っていることがポイントで、幅広に剥こうが狭めに剥こうがオッケー。ともかく白い部分が残っていては、そのあとの仕事に差し支える。最初の一房を刃にのせてとり出したら、次の房からは果芯に入った刃を外側に回転させるようにして、果肉を房壁からはがしていく。果芯から浮き上がってくる果肉を刃にのせていく、快感!!

● 大切なのは、できるだけ果肉のつぶつぶ、つまり細胞を壊さないようにすること。グレープフルーツは冷蔵庫に入れておかないように。ほんわか室温がいい。アルコールをふりかけたいなら、シャンペンがおすすめだ。皿の中心がシュワシュワーッとなって何とも美しい。またはジン、苦味のデュエット。ただし、何にもかけないのも正式……だったかな?

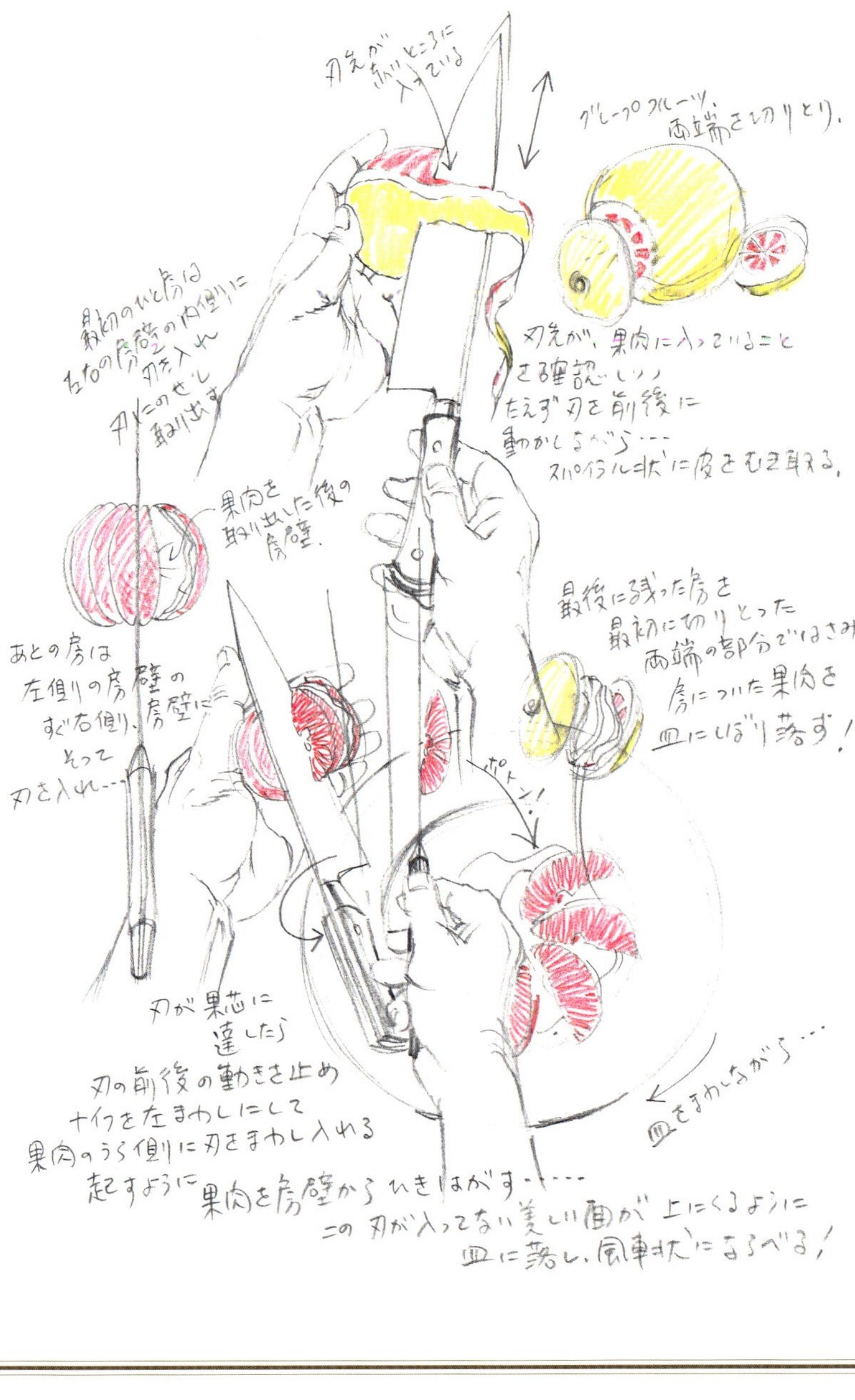
刃先が
赤いところに
入っている
グレープフルーツ
両端を切りとり。
最初のひと房は
左右の房壁の内側に
刃を入れ
刃にのせて
取り出す
刃先が、果肉に入っていること
を確認しつつ
たえず刃を前後に
動かしながら……
スパイラル状に皮をむき取る。
果肉を
取り出した後の
房壁。
最後に残った房を
最初に切りとった
両端の部分ではさみ
房についた果肉を
皿にしぼり落す！
あとの房は
左側の房壁の
すぐ右側、房壁に
そって
刃を入れ……
ポトン！
刃が果芯に
達したら
刃の前後の動きを止め
ナイフを左まわしにして
果肉のうら側に刃をまわし入れる
起すように果肉を房壁からひきはがす……
この刃が入ってない美しい面が上にくるように
皿に落し、風車状にならべる！
皿をまわしながら……

# Spring Recipes

## [春のレシピ]

◉……焼き色のついたキャベツの葉の印象、
ナイフを入れたときのぐじゅっとした
柔らかさ、流れ出る肉汁。
時間をかけて煮たものが持つ、
独特の柔らかい味……。
柔らかい味を縫うように、舌に伝わる
ドライトマトの甘酸っぱい味……、などなど。

［アボカ豆腐］

# ちょっと置きすぎたかな？の柔らかアボカドがあったら ぜひつくってみてほしい。

●材料（2～3人分）
豆腐▼1丁弱／アボカド▼1個／干し海老▼適量／ねぎ▼白いところ15cm／岩塩（粗挽き）▼適量／ごま油▼好みで

● いまどき、たいていのスーパーで、軟らかく食べごろのアボカドを買える。硬めなら室温で置いとけばいい。そのうち軟らかくなるさ。でも、置きすぎってあるよね。そんなとき、このレシピを思い出してほしい。黒くて硬い皮の下は、くずれたところは滑らかなクリーム状でクリーム色……ならいいんだけど、茶色の点々が入ってる。見栄えは悪いが、味さえしっかりしていればかまうことはない。この方が旨い、そう思ってほしい。

● 軟らかくてくずれそうな感じがピータンに似てたから、ピータン豆腐のピータンの代わりにアボカドを使ってみようか、そう思ったのが最初だった。そのときはそれが僕の定番になるなんて思ってなかったんだが……。

● ピータン豆腐との最初の出会いは、三〇年も前、新宿の隋園別館。そこでは醤油や酢などのタレを使わず、粗挽きの岩塩をさっとふっただけ、それが特徴だ。豆腐、ピータン、白ねぎ、干し海老……一素材一味、塩さえ全体になじむのではなく、存在感を持っていた。干し海老の扱いもユニークだ。普通、水で戻すが、カチカチのまま刻んで使う。存在が際立つこと、それが料理人の狙いだったわけだ。

● アボカドとピータンはまったくの別物。しかし、一素材一味の被《かぶ》りのないシンプルな構成の中、アボカドはしっかりがんばっている。……うーん、ピータン豆腐ね！って、ネタを明かされるのが最高の快感。ぜひつくってほしい。本当に旨いぜ。

2〜3人分として
アボカドは1個 種のまわりにたてにぐるりと
刃を入れたら…ぐっと力を入れて刃を種にくいこませ、
左右に身を引きはなす
かたい皮をむいて、
こまかくきざむ
豆腐は、1丁じゃちょっと多いかな…
正方形になるぐらいの量
板をななめにして
水をきり…
包丁の下に指をまわし込んで
厚みを調整しながら
厚みを3分割
全体をコロコロ切りにする…
ねぎ 白いところ
15cm、4つに割って
9mmぐらいに
きざむ
乾えびは 水でもどさずに
そのまま
きざむ
スケッパーで
豆腐をとり上げ
①まず豆腐から皿へ…
②次にねぎをのせ、
③粗引きの岩塩を散らす
④乾えびを撒いたら…
⑤アボカドを全体にかぶさるように置いて、
⑥好みでゴマ油をまわしかける…完成!!

［クロック・ムッシュ］

# これが本当のクロック・ムッシュなのさ。

●材料（4人分）
食パン（8枚切り）▼8枚／ハム（食パン大）▼2枚を短冊に切って8枚／グリュイエルチーズ▼短冊に切って16枚（またはとろけるチーズ1つまみ×8）／卵▼2個／パン粉（細かいもの）▼2カップ／バター▼パン→20g＋焼き→20g／サラダ油▼大さじ2杯（2回に分けて焼くときに1杯ずつ）

●パリの一流店の料理人から、もう三〇年も前に教わったもの。その通りにつくった……。前の晩から下ごしらえをして、焼くのに一〇分、食うのに一分のたかがクロック・ムッシュを、だ！

●クロックとか、クロケットとかいうやつは、外がカリカリ、中がジューシー。焼き上がりは金色……そういうのはかの、ポール・ボキューズ。そのためには、しっかり堅くなったパンを使って、小麦粉を一つまみ加え布巾にくるみ、ワインの瓶で粉々になるまで叩く。ふるいにかけて細かいパン粉をつくる。これを使うのがコツだそうだ。

●僕がこだわるのは、パン。紀ノ国屋のイギリスパン。これ以外には考えられない。カナダ産の強力粉に、天然のビール酵母。時間をかけて発酵させた手づくりの食パン。時間をかけるというのがミソで、そうするとアミノ酸が生まれ、旨味が増す。バターやミルクを加える必要がないので、こうやってつくると、飽きのこない小麦粉そのものの味が生きる。このパンこそ、調理素材としてピッタリだ。背の高い山形のパンの一枚から、四角いかたちを切り出すわけだから、余りが出る。この余りのところを低温のオーブンでしっかり乾燥させ、フードプロセッサでぶんまわして、パン粉をつくる。

●このレシピ、ハムとチーズをはさんだら、溶き卵を全体につけ、パン粉を万遍なくからめ、一つずつラップにくるんで冷蔵庫で一晩

たまご
2個
大さじ1
バター20g
食パン
8枚切り
8枚
みみを
切り取る
グリュイエール
ハム
たまご
ひとつ分づつ
ハムとチーズを
はさんだら
全体にたまごをからめ、
約正方形の
パンを切り出す!
切れ端は
まとめて
トースターで
こがさずに……
かちかちに乾かして……
パン粉
を
まぶし……
ひとつ分づつ
ラップに
くるんで……
一晩ねかせる……
低温!
フードプロセッサーで
ぶんまわす
サラダ油と
バターで……
表5分、裏5分、超弱火でじっくり焼く。
このとき小麦粉をひとつまみ
ほうり込む

寝かせるのが、コツ。パンの木口、二枚合わさるところに、しっかり卵を含ませておくと、翌朝全体がしっとりと一体になったように、おとなしくなっている。これを冷たいままフライパンに移し、多めのサラダ油にバターを加えて低温で時間をかけて焼き上げる、表と裏、五分ずつ、ってとこかな……。

● 今風に、軽くヘルシーにいきたかったら、内側に塗る辛子バターの量を減らしたらいい。もしくは焼きを、フライパンに油、ではなく、ホットサンドのクッカーを使って、型に塗る油を少量にすればいい……。まあ、それよりも一晩仕込んだせっかくの伝統料理だ。休日のブランチ、一食抜きということで……。ちなみにハムを鶏の胸肉のロースト、これの薄切りに替えればクロック・マダム、クロック・マダムの上に目玉焼きをのせたら、クロック・マドモアゼルだよ。楽しんでくれ!

## ［ソース・ムタールとぶっかけサラダ］

# 日によってハムとチーズだったり、ミニオムレツだったり、トーストパンにのせて上からサラダをぶっかける。

●材料（2人分）

レタス▼3枚／ミックスサラダ▼1握り／塩・胡椒▼少々／ビネガーとオイル▼1振りずつ／身欠きにしん▼1匹分

［ソース・ムタール］ムタールディジョン（仏・ディジョン地方の練り辛子）▼大さじ1／卵黄▼2個／ワインビネガー▼大さじ1／牛乳▼大さじ4／塩・胡椒▼少々／バター▼30g

●身欠きにしん。京料理で有名だが、山育ちのある男は、子供の頃、床下に俵詰で保存されているのを盗み、焚き火であぶってかじってたそうだ。これ、やってみると実に旨い。生醤油でジューっていわせて……ビールと合う。

●今朝はその身欠きにしんだ。最近はソフトタイプが出回っていて便利。フライパンでじっくり焼いてトーストにのせて食う。ソース・ムタールを上からたっぷりかける。僕はにしんを多めに食いたいから大きさでイギリスパンを選ぶけど、マフィンをカリカリに焼き、小ぶりのにしんをのせればもっとさまになるかも。こうなったらもうエッグ・ベネディクトみたいだね。エッグ・ベネディクトは、サーモン。ポーチトエッグのっけて、オランデーズでいくんだけど……。

●朝から手づくりソースかと思うかもしれないが、これ、本格ソースながら二分でできる。丸底の小ぶりの片手鍋にワインビネガーとムタールディジョン、卵黄、千切りバターをいっぺんに解き混ぜ、湯煎にかけて、かき回し続ければ完成。

●ある料理人が、ブルターニュの友達のお母さんが鯖の塩焼きをこのソースで食わせてくれたと話していた。そのときの仕上げは生玉ねぎのスライスのぶっかけ。僕はグリーンサラダのぶっかけにする。パンにのせてサンドイッチのようだが、手づかみでは食いにくい。ナイフ・フォークで少しずつ口へ運ぶ。朝からってかい？　朝ぐらいってこともあるぜ。

サラダは
大きい葉はちぎって
水道水につけ
洗う…
レタス…3枚
ミックスサラダ…ひとにぎり
塩、こしょう…少々
ビネガー…ひとふり
オリーブオイル…ひとふり
身欠きにしん…1匹分
ソースムタール：
ムタール・ディジョン 大さじ1
卵黄…2ヶ
ワインビネガー 大さじ1
牛乳…大さじ4
塩、こしょう
バター…30g
くるみ大
塩、こしょう
…2人分
両手でにぎり
よく振る 30回!
ドレッシングの
後はよくもむ、つかむように…
身欠きにしんは
背ビレ等を
除く。
卵黄2ヶ
ワインビネガー 大さじ1
バター
30g
こまかく
切って…
ロースター
か
フライパンで
じくじく焼く…
ソース
ムタール
食パンのトースト
ムタール大さじ1、
牛乳
大さじ4
材料すべてを
底のまるいソースパンに入れ湯せんにして
すばやくかきまわし…続ける…1分
ポタ〜ッとしてくると
ソースムタール完成
トーストパンの
上に
身欠きにしんをのせ、ソースをかけ、サラダをぶっかける

# ［サラダ・ニソワーズ］

## フランス人は、太陽があたって緑色になったじゃがいもを好むらしい。

● 食べるとちょっとにがい。茹でてから皮を剥いた皮下のうっすら緑色のところ。つるりとした肌が季節の再来を告げる。緑色の新じゃがを八百屋で見かけたら、やはりサラダ・ニソワーズでしょ。ドレッシングはアンチョビ・マヨネーズ。アンチョビを叩いてペースト状にして、市販のマヨネーズに加えればできるじゃないかって？　僕のレシピに、それはないでしょ！　大きめのボールを使って、まあるいスプーンの背でカタカタ混ぜ合わせるだけで一、二分でつくれるんだから、ぜひ自分でテーブルに出す直前につくってほしい。ニースの青い空と明るい太陽でも想像しながら……ね。

● じゃがいもは小さめの細っこいやつで、どことなく緑色がかったもの。水から茹でて熱いうちに指で皮を剥く。ほくほくになるまで茹でちゃだめだ。やっぱりアルデンテ……かな？　で、三分の一から四分の一に小口切り。

● いんげんは塩湯で茹でて冷水にとり、さっと水を切っておく。二分の一に切ってもいいけど、長いまんま使っても豪快だね。これもアルデンテ。草のようにかたいのはどうかと思うけど、くたくたにしたくはないよね。

● トマトは湯剥きなんかしないで、水で洗ったらサクサク食べやすい大きさに切っておこう。

● ロメインレタスは葉ごとに手にとって、茎の太い方からひと口大に割る。ポキンと割ると、茎はさらに縦半分に割れてくれるからていねいに離して、大きさを確認しながら全部細かく割っておく。冷水でさっと洗い、遠

新じゃが 4個
水から入れて沸いたら 5〜6分
いんげん
ロメインレタス
手で食べやすく
切り割いて
水で洗い
よく水気を
切る……
さっとゆでて
アルデンテ
指つめを使って
皮をむき カット
氷水
こしょう
にんにく
アンチョビ
4〜5本
酢小さじ1杯
卵黄ひとつ
ムタールディジョン
小さじ1杯
ここで
アンチョビ
マヨネーズを
しっかり
合わせる
すべてをよくまぜ合わせて、
オリーブ油 1/3カップをたらし
込みながらよく合わせる…
トマト
くし切り
かたゆで
玉子
1/4カット
ツナ缶 オイルづけ
さくっと合わせて
盛り合わせる……完成!!

●材料（4人分）
じゃがいも▼4個／いんげん▼100gくらい／トマト▼中くらい2〜3個／ロメインレタス▼1株／ツナ缶、または、まぐろの柵、または、まぐろのオリーブオイル漬け▼適量／ゆで卵▼4個
［アンチョビ・マヨネーズ］にんにく▼1片／塩・胡椒▼少々／ムタールディジョン▼ティースプーン1杯／酢▼ティースプーン2杯／卵黄▼1個／包丁でよくよく叩いてペースト状にしたアンチョビ▼2〜3本／オリーブ油▼4分の1〜3分の1カップ

心分離機みたいなやつに押し込んで水を切る。水切り機がないときは、先に洗って一葉一葉タオルで水分を拭きとってから割るように。

● ツナ缶（ツナのオイル漬け）を開けて中身をとり出し、指で指先大に割りほぐしておく。あんまり細かく割らない方がいい。写真のサラダでは、まぐろの柵《さく》を買ってきてオリーブ油で両面さっと火を通したものを使った。氷水で冷やして、削ぎ切りにして使ったけど、普通のツナ缶でパサパサしたやつでも結構いける。凝るんだったら地中海産のまぐろのオリーブオイル漬け。瓶詰めのやつで……けっこう高い！ それから、ゆで卵（ハードボイルド）をつくっておく。一人一つとして、四人分で四個。

● いよいよアンチョビ・マヨネーズだ！ 大きめのボールに、にんにく一片をおろし金でおろし、その二分の一を入れておく。正直いってあとはおろし金にめり込んでとろうと思ってもとれない。そのほかの材料もすべてボールに入れ、テーブルスプーンの背ですり合せるように混ぜ合わせる。オリーブオイルをそのまま糸のようにたらし込みながら、スピードを上げてくるくるカタカタ、スプーンの背をボールの底にこするように回す。一秒間に四回まわす感じで、一〇秒ぐらいでたらし終わると……ほら、ポッテリとしたアンチョビ・マヨネーズができているってわけ！

● 大きめのボールを使うのは、スプーンを乱暴に回すのに都合がいいことと、そのままレタスを入れてかき回すのに便利だから。アンチョビソースをつくったボールに、レタスだけを入れ、しっかり混ぜ合わせ、全体にドレッシングを済ませておく。いんげん、ポテト、ツナを入れ、サクッと合わせる。ドレッシングするというより、まんべんなく混ぜ合わせるというだけ。トマトを入れたら崩れないようサッと混ぜ、皿に盛りつける。いんげん、トマト、レタスの若葉の一片など飾りに少しずつとっておき、あとから置いて、全体を美しく見せよう。まわりにぐるりと置く卵はこのとき切る。時間が経つとほころんでくるから、盛りつけのときに縦に二分の一か四分の一に切って加えよう。

［スモークサーモンのアボカド巻き］

# アボカドで巻くんだぜ！ 考えただけでぞくぞくする。ババロアのまわりのビスキュイの壁のように……。

●酢飯のつくり方
米▼1合の炊きたてご飯
［合わせ酢］酢▼大さじ2／砂糖▼大さじ1／塩▼小さじ1
合わせ酢をさっとあたため、火を止め、飯と合わせたら白ごま（小さじ1）を加えて混ぜ合わせておく。

● こう切ってこう並べて、こう巻いてこう切り分ければそうなるなって……で、平均的に薄く平たく切りとるのに、必ず包丁の刃もとをアボカドの緑色のところに、刃先を黄色い果肉に位置するように注意しながら引くと、おおむね一定の板状のものがたくさんとれる。緑色の部分が表にくるように、黄色い部分が緑色のところの裏にくるように重ねていくと、ほら、きれいな縞々がぐるりと外側を巻くことになる。あのババロアのビスキュイのように……。

● いつも不思議に思うんだけど、こうやってディテールまでデザインできて、はじめて全体のイメージが浮かんでくるわけではない。いきなりイメージが浮かんでくる。デザインはむしろそのあとの、イメージが実現されるまでの作業のようなもので、最初のイメージとのコンタクトがすべて。それが何とも不思議でならない。

● 素材は定番のカリフォルニアロールだが、頭に浮かんだビスキュイのイメージのおかげで、今日の巻き寿司は一段と見栄えのいいものとなった。

● 巻きすの上にクッキングシートをひろげ、その上にアボカドの断片をいまいったようにレイアウトしたら、その上に酢飯を広げる。海苔を使う巻き寿司と違って素材の張力が期待できないので、飯をしっかり隙間なくレイアウトしなければならない。この飯の層が唯一のバインダーだ。熱いうちに合わせ酢を打っ

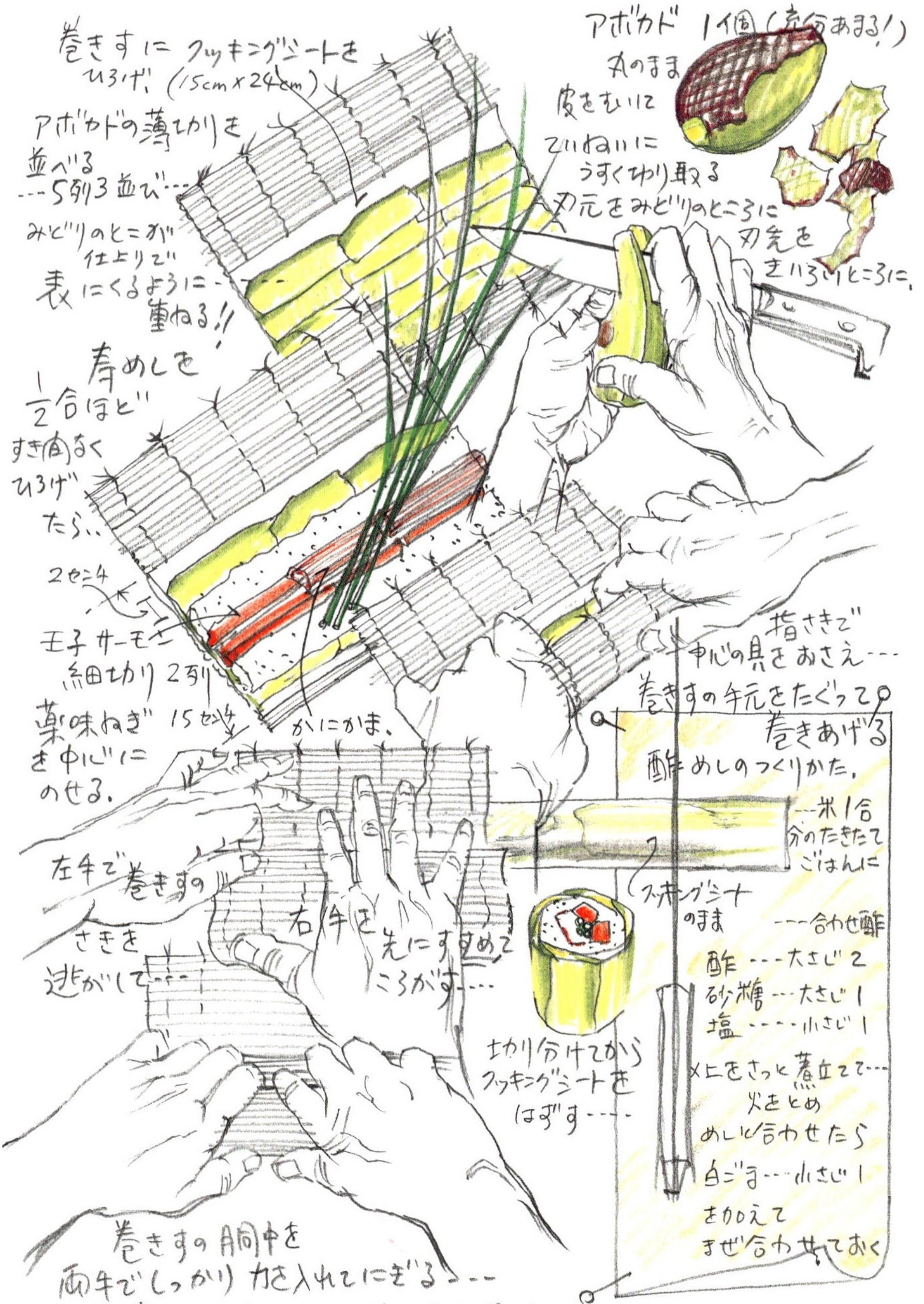
巻きすに クッキングシートを
ひろげ（15cm×24cm）
アボカドの薄切りを
並べる
---5列3並び---
みどりのところが
仕上りで
表にくるように
重ねる!!
寿めしを
1/2合ほど
すき間なく
ひろげ
たら…
2センチ
王子サーモン
細切り2列
薬味ねぎ 15センチ
を中心に
のせる。
かにかま。
アボカド 1個（充分あまる!）
丸のまま
皮をむいて
ていねいに
うすく切り取る
刃元をみどりのところに
刃先を
きいろいところに。
指さきで
中心の具をおさえ---
巻きすの手元をたぐって
巻きあげる
酢めしのつくりかた。
---米1合
分のたきたて
ごはんに
スキングシート
のまま
---合わせ酢
酢 ---大さじ2
砂糖---大さじ1
塩----小さじ1
火上をさっと煮立てて---
火をとめ
めしに合わせたら
白ごま---小さじ1
を加えて
まぜ合わせておく
左手で巻きすの
さきを
逃がして---
右手を先にすすめて
ころがす---
切り分けてから
クッキングシートを
はずす----
巻きすの胴中を
両手でしっかり力を入れてにぎる---
両端から材料がはみ出したら指でおしもどす----

●ロール1本の材料
酢飯▼2分の1合／王子サーモン（サーモンの柔らか薫製）▼棒切り6本／細ねぎ▼数本

てちょっと休ませたら、一気に煽って風を入れ米に粘りを出す。そんな感じ。飯を握り飯人に手にとったら、端から潰すように押し広げていく、あの寿司職人の手つきもアボカドの上では通用しない。ふんわり飯を置いて中心に具をならべて、一気に巻き上げたら、ここでしっかり力を込めて巻きすを握ってかたちを整える。アボカドはクッキングシートのおかげで、きれいな滑らかな表面をつくるので心配無用。力が米に等分布に伝わって米の一粒一粒がしっかりくっつき合うように、一瞬呪文を唱えたら、それですべてうまくいくさ。

● シートが巻きついた状態で巻きすを外し、大きめで重めの包丁でシートごと切り分ける。アボカドを、具を、どうレイアウトしたか、素材の継ぎ目がどこにきてるか、イメージしながら等分に切り分ける。今日の僕は、真ん中から一つ切り出して、その大きさで右を三等分、左を三等分……切り口すべて美しくいったようだ。

［中華鶏サラダ］

# 叩いたり、千切ったり、むしったり、納得の下処理が生きる……。

●材料
きゅうり▼2本／キャベツ▼外側のところ2枚／白切鶏▼150〜200g／味付けクラゲ▼70〜80g／香菜▼たっぷり／塩▼1つまみ／酢▼大さじ2分の1／醤油▼大さじ2分の1／ごま油▼大さじ1／ラー油▼少々

● 叩くのはきゅうり。三分割してから縦半分に切り、切り口を下にまな板に置く。その上に包丁を平らに寝かせて利き手で保ち、安全のため布巾を乗せ、一方の手でガツンと叩く。縦二つに割れ、味の染みやすそうな小指大のきゅうりができるはずだ。千切るのはキャベツ。外側の緑色の葉を少量の水で蒸し煮。一分ほどでしんなりするから、冷水にとりさっと水気を切る。持ち手で元を手前に葉を広げ、利き手で元のすぐ脇から葉脈一〜二本分をつまんで引き千切る。芯の葉脈を割って最後まで千切れる。むしるのは鶏。生姜とねぎとたっぷりの酒を加えた水かブイヨンで、塩味を整え、丸ごと一五分ほど茹で、二〜三時間置いたものを使うが、ちょっと面倒。完成品（白切鶏）を買い、繊維に沿ってむしって食べやすい大きさに。味付けクラゲも、塩クラゲの塩抜きからはじめたら大変だから、これも買っておく。香菜は、株ごとさっと洗って葉元から千切る。

● 仕上げは簡単。ボールの中のきゅうりとキャベツに少量の塩、醤油、酢を振り、しっかり合わせて二〜三分置き、ごま油、少量のラー油をたらして絡める。馴染んだら、むしり鶏、味付けクラゲを加え、ボールを傾け全体を横滑りさせるように一気に皿へ移す。これ、混ぜものを皿に移すときのコツだぜ。ボールの中で全体が美しく見えるのを確認して、横滑り。たっぷりの香菜で飾って完成。すぐに食わずにおいてもいつまでも艶々している、っていうか、味が馴染んでくるのがこの皿の特徴。

きゅうり 2本
長さ3分割り
たて半分にして
ガツンとたたく
たてにふたつに折れる!
飛び出した種のところ
白切鶏 150~200g
むしる!!
キャベツ外側のところ 2枚
1分弱蒸し煮にして
葉脈1~2本をたぐって
中指と親指でつかみ…
引きちぎる!!
① キャベツときゅうりに
塩ひとつまみ
酢大さじ1/2
しょう油大さじ1/2
を加えて
しっかりまぜ合わせ
2~3分置いとく。
② ごま油大さじ1を加えて
よくまぜ合わせ—
味付くらげ 70~80g
③ 最後に
味付くらげ、むしり鶏を
絞りこんで
ささっと合わせる
皿に移したら
香菜をちぎり
散らす!!

［ローストビーフ・サンドイッチ］

# たまにはかたまり肉をローストして、いきなりローストビーフ・サンドイッチ。

●材料
黒毛和牛（ランプ）▼800g（厚めのスライス12枚分）／ルッコラ▼パン1つに1株／フランスパン（クープ）／塩・胡椒、オリーブ油、ムタールディジョン▼適量

ローストビーフっていえばご馳走だね。で、レフトオーバーが翌日のサンドイッチになり、そのまたレフトオーバーがハッシドビーフになるって話、よく聞くよね。我々の食卓でいえば煮魚。いしもちなんか、丸ごと煮つけて食べ残しをそのままラップして冷蔵庫に入れておけば、翌日煮こごりができる。それが楽しみでわざと食べ残したりしてね。人の家にお呼ばれしてローストビーフだったら、おかわり勧められても遠慮しといた方がいいと、どこかでだれかに教わったことがあったけど、残すことに意味があったということらしい。

ともあれ今日のレシピはローストビーフ。それもいきなりのローストビーフ・サンドイッチだ。まず肉屋で牛肉……まあ黒毛和牛の脂の少ないところ、ランプあたりをかたまりで買ってくる。これに塩・胡椒をまぶして天火で焼く。これだけのことなんだけど……。ナイフで突き刺してにんにくとか豚の背脂、それからローズマリーなどを穴に挿して焼くやり方……、あれは何のためかというと、肉が焼けてくるとこの穴から肉汁があふれ出てくる、これがグレイビー・ソースのもとになるわけで、いろいろ挿しておくと香りのいい肉汁がでてくるってわけなんだ。今日のレシピはいきなりのローストビーフ・サンドイッチ。グレイビーなんかつくらないから塩・胡椒をまぶすのみでそのまま天火に入れればいい。

焼き方は、肉の種類、部位により少しずつ違う。黒毛和牛のランプ……、僕はまっす

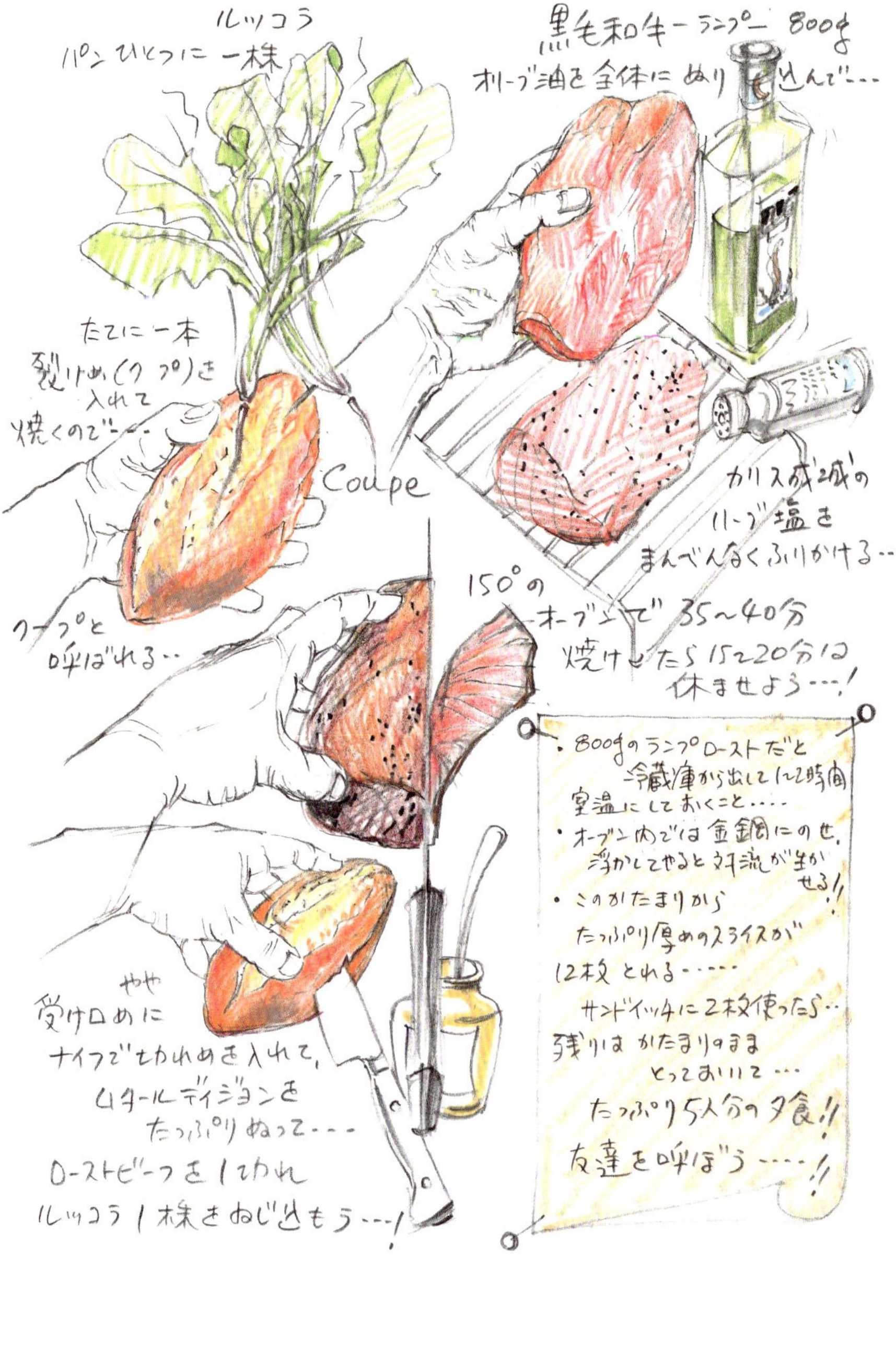
ルッコラ
パンひとつに一株
黒毛和牛ーランプー 800g
オリーブ油を全体にぬり込んで…
たてに一本
裂けめ(クープ)を
入れて
焼くので…
Coupe
カリス成城の
ハーブ塩を
まんべんなくふりかける…
クープと
呼ばれる…
150°の
オーブンで 35〜40分
焼けたら15〜20分は
休ませよう…!
・800gのランプローストだと
冷蔵庫から出して1〜2時間
室温にしておくこと…
・オーブン内では金網にのせ、
浮かしてやると対流が生かせる!!
・このかたまりから
たっぷり厚めのスライスが
12枚とれる…
サンドイッチに2枚使ったら…
残りはかたまりのまま
とっておいて…
たっぷり5人分の夕食!!
友達を呼ぼう…!!
やや
受け口めに
ナイフで切れめを入れて、
ムタールディジョンを
たっぷりぬって…
ローストビーフを1切れ
ルッコラ1株をねじ込もう…!

ぐ最初から最後まで一五〇度。もっと低温でもっと長く焼くのがはやっているけど、それだと全体が均質すぎる。やはり適度の歯ざわりがほしい。コンベクションオーブンを使うと、焼きはじめの温度を上げなくても、表面は水気が飛んでしっかり焼き上がる。目安の時間がきたら指で押してみて、生のときとは違って押し戻してくるような手ごたえを感じたら焼き上がり！　いつものことだけど、肉は調理にかかるとき室温。調理が終わったら、ゆっくりやすませることが大切。

●パンは絶対フランスパンのクープがお勧め。クリスピーな皮の部分と柔らかい中身のプロポーションが最高！　両端のとんがったところを残して、わきから深々と切れ目を入れ、ムタールディジョンをたっぷり塗って、ローストビーフの厚めのスライスを捻じ込もう。ルッコラの葉を二、三枚一緒にはさんだら、完璧さ！

●残りもの（レフトオーバー）は絶対ハッシドビーフだぜ。これが簡単で旨い！　じゃがいもを一・五センチ角くらいのさいころ切りにして茹で、ローストビーフの切り落としをさらに粗切りにして炒め合わせるだけ。あまりかき回さずに、じっくり焼いて、焼き色をつけてやると旨そうに仕上がる……。

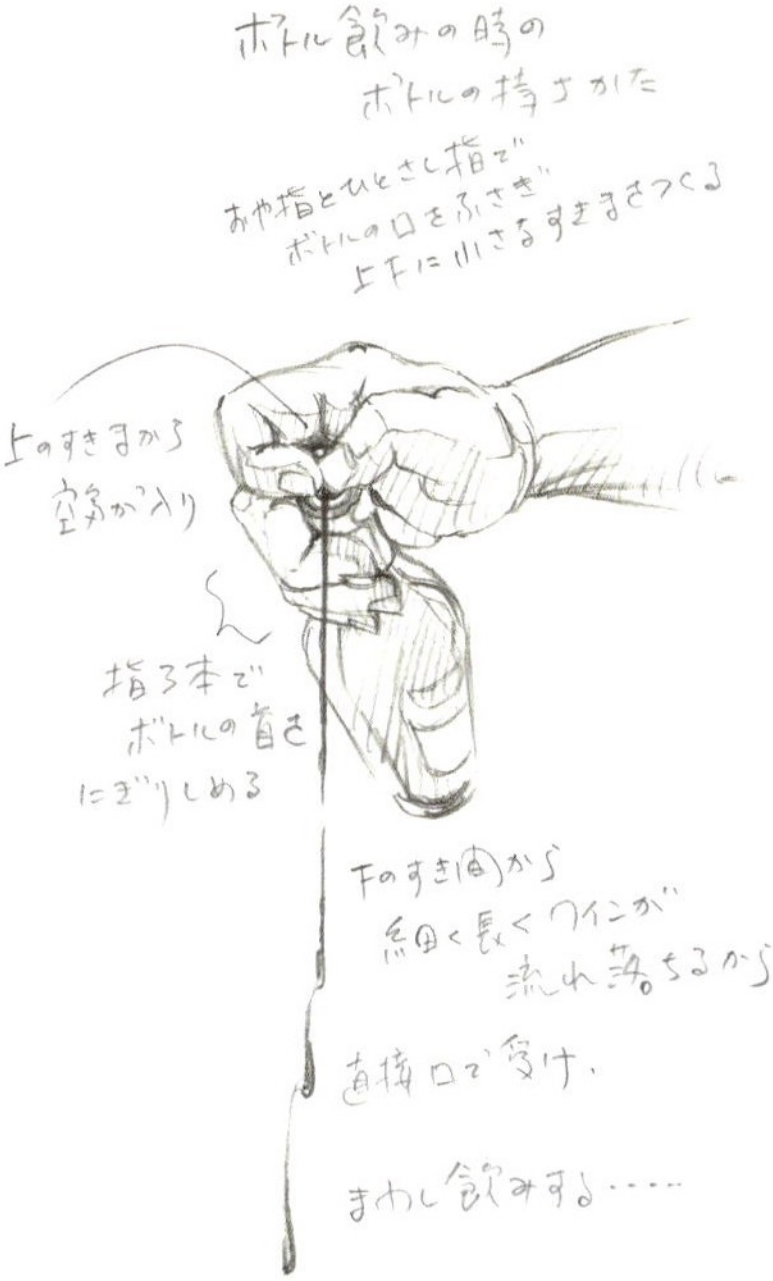
ボトル飲みの時の
ボトルの持ちかた
おや指とひとさし指で
ボトルの口をふさぎ
上下に小さなすきまをつくる
上のすきまから
空気が入り
指3本で
ボトルの首を
にぎりしめる
下のすき間から
細く長くワインが
流れ落ちるから
直接口で受け。
まわし飲みする……

［コキーユ・サンジャック・ア・ラ・パリジェンヌ］

# ソース・パリジェンヌがすごいんだ。これさえあれば一瞬のうちに納得のフランス料理に……。

● 今日の素材はほたての貝柱。ソースに絡め、チーズを散らしてオーブンで焼く……。

● ほたては春の終りから夏の間を除いて、いつでも手に入る二枚貝。ほとんどが北海道産。貝殻付きのものを求め、その窪みの大きい方の貝殻を使ってつくるのが今日のレシピ、本場フランス流。もちろん素材は手に入るが、熱々の殻の下に置く籐細工の敷物となると手に入らない。ま、いいか、それ用の瀬戸物のコキール皿でいくとしよう。

● ほたては筒型の貝柱を二分の一の輪切りにする。シャンピニオンは脚をとって傘を縦薄切り。

● 鍋に水と白ワインをほぼ半々で合わせ入れ、セロリの頂部枝葉の乱切り、パセリの茎、エシャロットの薄切り、ローリエの葉、粒胡椒を加えて、弱火で二〇分煮る。すべてを漉しとり、火を強めてほたてとシャンピニオンを放り込む。五分煮たところでほたてとシャンピニオンを引き上げ、煮汁をひたすら煮詰める……三分の一量まで。ここまでがほたてとシャンピニオンの下調理。そして……香り野菜とワインの炊き込められた濃厚な出汁の準備過程。

● ソースをつくる。バターをジクジクいわせ水気を飛ばし、粉を入れて二、三分またジクジクいわせる。しっかり炒めてブロンド色のルーと呼ばれるわずかに茶色いやつをつくる。火を止めてそのまま一五分ほど放って置く、これノウハウ。こうすると粘りのある最

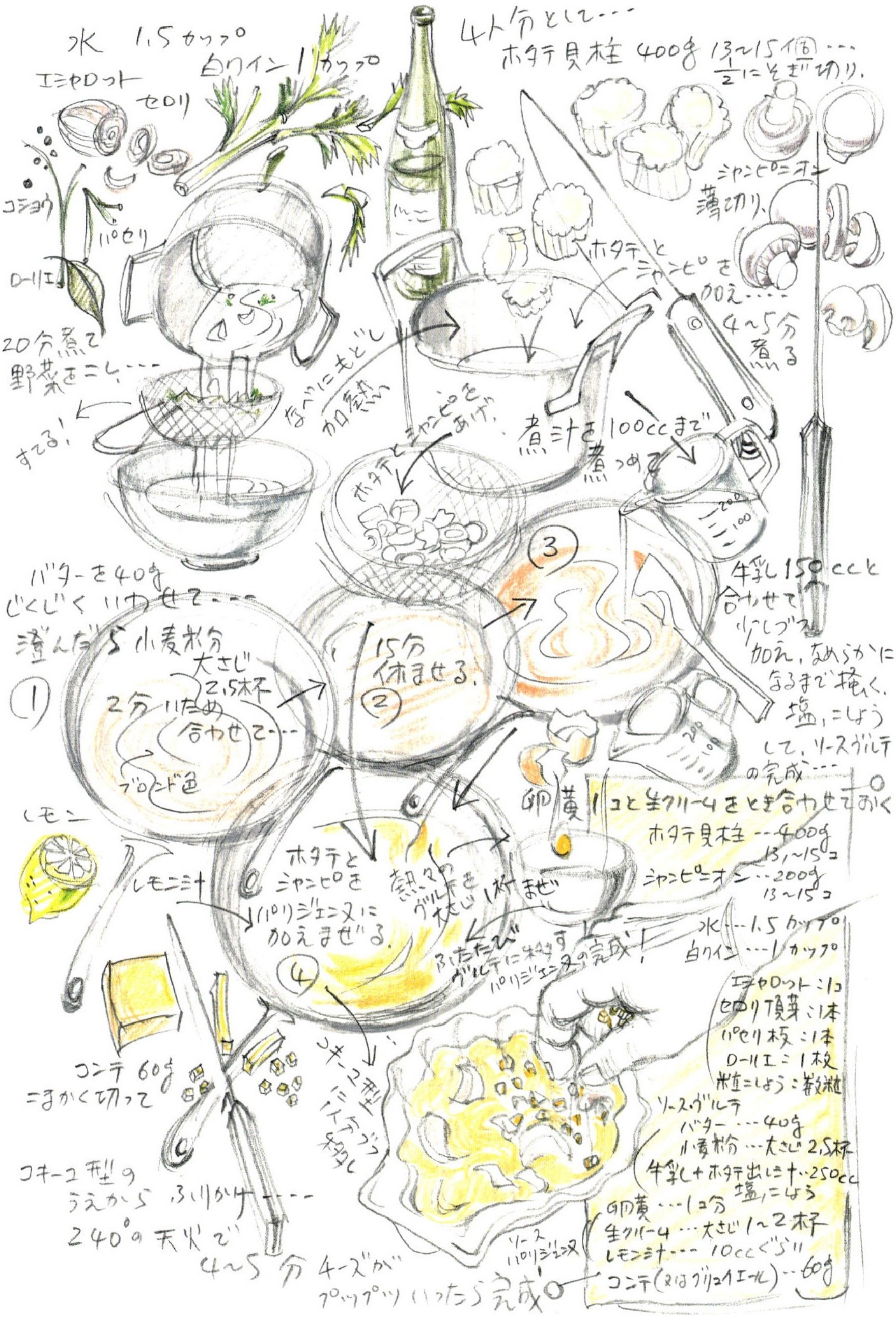

水 1.5カップ
白ワイン1カップ
エシャロット
セロリ
コショウ
パセリ
ローリエ
4人分として・・・
ホタテ貝柱 400g 13〜15個・・・
1/2にそぎ切り。
シャンピニオン
薄切り。
ホタテと
シャンピを
加え・・・
4〜5分
煮る
20分煮て
野菜をこし・・・
すてる!
なべにもどし
加熱
ホタテとシャンピをあげ、
煮汁を100ccまで
煮つめて
牛乳150ccと
合わせて
少しづつ
加え、なめらかに
なるまで混ぜる。
塩、こしょう
して、ソースヴルテ
の完成・・・
バターを40g
じくじくいわせて・・・
澄んだら小麦粉
大さじ
2.5杯
2分いため
合わせて・・・
ブロンド色
①
15分
休ませる。
②
③
卵黄1コと生クリームをとき合わせておく
熱々のヴルテを大さじ1杯まぜ
ふたたびヴルテに移す
パリジェンヌの完成!
レモン
レモン汁
ホタテと
シャンピを
パリジェンヌに
加えまぜる。
④
コキーユ型にイッパイ移し
コンテ 60g
こまかく切って
コキーユ型の
うえから ふりかけ・・・
240°の天火で
4〜5分 チーズが
プップツいったら完成
ソース
パリジェンヌ
ホタテ貝柱・・・400g
13〜15コ
シャンピニオン・・・200g
13〜15コ
水・・・1.5カップ
白ワイン・・・1カップ
エシャロット:1コ
セロリ頂芽:1本
パセリ枝:1本
ローリエ:1枚
粒こしょう:数粒
ソースヴルテ
バター・・・40g
小麦粉・・・大さじ2.5杯
牛乳+ホタテ出し汁・・・250cc
塩、こしょう
卵黄・・・1コ分
生クリーム・・・大さじ1〜2杯
レモン汁・・・10ccぐらい
コンテ(又はグリュイエール)・・・60g

高のルーができる。これをふたたび火にかけ、牛乳とほたての出汁を半々に合わせたものを少しずつ加えて伸ばす。塩・胡椒で味を調え、ここまでがソースの前段階。こいつはソース・ヴルテ（ヴェルヴェットのように滑らかの意味）と呼ばれている。料理によって出汁は、鶏だし、魚だしなど使い分ける。ソース・ヴルテに、生クリームと卵黄を解き合わせて加え、加熱してポテリを増す。レモン汁を絞って味を調え、これがソース・パリジェンヌ。

●ほたてとシャンピニオン、ソース・パリジェンヌを一気に絡め合わせて耐熱皿に盛る。コンテ（フランスを代表する山のチーズ。グリュイエールとは同材同製法）を細かく刻んだものを全体に振りかけオーブンで焼く。チーズが溶けて、プップツいったら完成。

●今日は一人盛りにしたけど、大きな耐熱皿で一緒盛りにつくっても楽しい。とり分けて、ほうれん草のバター炒めと、炊きたてのご飯を盛り合わせれば最高のストレートになる。同じレシピで、ほたての代わりに牡蠣もいい。その場合は飯とほうれん草と、全部、順にグラタン皿にもって、一緒焼きすれば完璧。旨いぜ……なぜかご飯と合うんだ。

●ドリアにも応用できるぜ！

●材料（4人分）
ほたて貝柱▼100g（13〜15個）／シャンピニオン▼200g（13〜15個）／水▼1.5カップ／白ワイン▼1カップ／エシャロット▼1個／セロリ頂芽▼1本／パセリ枝▼1本／ローリエ▼1枚／粒胡椒▼数粒／コンテ（またはグリュイエール）▼60g
［ソース・ヴルテ］バター▼40g／小麦粉▼大さじ2.5／牛乳＋ほたての出汁▼250cc／塩・胡椒▼少々
［ソース・パリジェンヌ］卵黄▼1個／レモン汁▼10ccくらい、以上をヴルテに加える。

## ［春キャベツ巻き］

# ……煮たもの？ ……それとも焼いたもの？

●材料（4人分）
ステーキ用の和牛肉▼100g／春キャベツ▼緑色の濃い葉：4枚＋白っぽいもの：4枚／ドライトマト▼4枚／ブイヨン▼素材がひたひたかぶる量／ローリエ▼2枚
［ソース］薄力粉▼大さじ1／バター30g／牛乳▼1カップ／煮汁▼1カップ

●……もちろん煮たものだ。たっぷり時間もかけて、肉がとろとろになるまで。それから、高温のオーブンでさっと焼いたものなのだ。いや、煮る前に、和牛の、ステーキにするような上等のところを、塩、胡椒、薄力粉をふって、フライパンで焼き目をつけておいた。その肉をドライトマトの一片と一緒に、しんなりと茹でておいたキャベツの葉に巻いて……。だから、煮たり焼いたりしてつくるのがこの一品。すべての工程で味が煮詰まっていく。

●焼き色のついたキャベツの葉の印象、ナイフを入れたときのぐじゅっとした柔らかさ、流れ出る肉汁。時間をかけて煮たものが持つ、独特の柔らかい味……。柔らかい味を纏うように、舌に伝わるドライトマトの甘酸っぱい味……、などなど。裏切られることの小気味よさが、この料理の真骨頂だ。

●付け合わせなど、何も置かない。皿の真ん中にこれを置く。ソースを皿にはってから、その上にどかんとこれを置く。もしくは、真ん中にこれを置いてから一部かぶるようにソースを上からかけ回す。ソースは煮汁を煮詰めてつくる。バターと粉を合わせたブール・マニエを加えてポテリをつけ、生クリームを加えて……。しっかり煮詰めて……。

●ソースの色を明るいベージュに仕上げたいので、薄力粉をソースパンの底で乾煎りするところからはじめる。色づいたところに溶かしバターを加え、牛乳を少しずつ加えなが

ステーキ用の肉 250g
塩胡椒
粉をふって
さっと焼く。
このくらいの大きさの…
ひとつ又は半分
ドライトマト
白っぽい葉で巻く
ひらりとステーキのうえにのせる
↓ステーキ
まるごと茹でて芯のかたいところをとる。
次に緑の濃いほうでふろしきのように巻く。
春キャベツ
緑色の濃い葉ー4枚
白っぽいものー4枚
4人前
ブイヨン
煮じる
オーブンで5~10分
表面にこげめをつける!
レモンタイム
ソース
ふたをして
極弱火で50分~60分
ひたひたのブイヨンで…
薄力粉大さじ1弱 バター30gと合わせて
牛乳カップ1杯 なめらかにかきあげて
煮じるをカップ1杯加えさらに煮つめる!

ら、ガタガタ、ゴトゴトいわせて、スパテラをはげしく動かし、かき上げる。そこに煮汁を加えてしっかり煮詰める。

● 春キャベツ、緑々した外側の葉がしっかりとついたものを選んで買う。丸ごと大鍋で一〇分ほど茹でて、しんなりさせてから仕事をする。キャベツの葉はとろとろになるまで煮てもかたちがしっかりしている。ていねいに引き上げてオーブンで焼いてやると表面の水気が飛んで、葉脈の凹凸が浮き上がり、それは美しい。少しでもしっかりした外側の葉を使うなら、春を待つしかない。季節が素材をつくってくれる……。

● しんなりキャベツで二重に肉を巻いたら、ブイヨンで煮る。ローリエを2枚ほど入れて蓋をしてコトコト弱火で煮る。極弱火であることが、大切。蓋がコトコトいったら火が強すぎると思えばいい。取っ手が熱くなったら、火が強すぎるという人もいるくらいだ。煮汁は、漉《こ》してソースに使うことを考えると、あまり水を多くせずに、絶えずひたひたで煮ることも大切。

● こんな素朴な料理、レストランで食べられるわけではないが、歴としたフレンチレストランの料理人に教わったもの。ひき肉を使ったりせず、うまそうな和牛のステーキ用の肉を使うところもにくい。

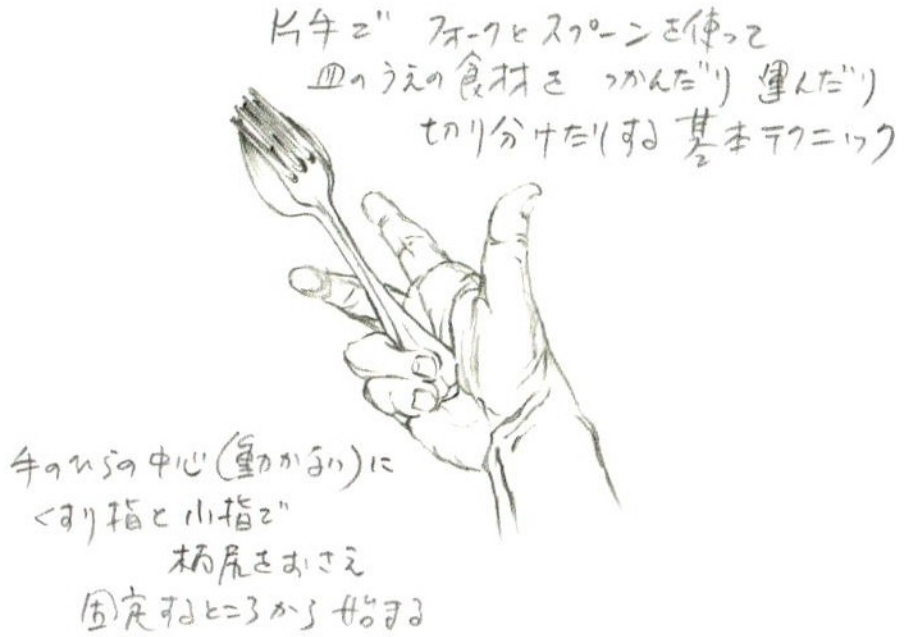
片手でフォークとスプーンを使って
皿のうえの食材をつかんだり運んだり
切り分けたりする基本テクニック
手のひらの中心(動かない)に
くすり指と小指で
柄尻をおさえ
固定するところから始まる

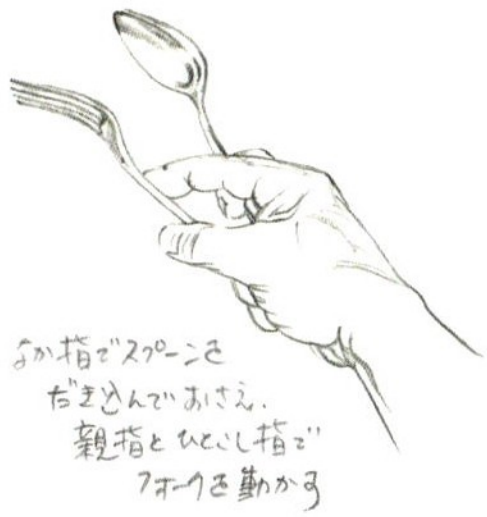
なか指でスプーンを
だき込んでおさえ、
親指とひとさし指で
フォークを動かす

くすり指と親指で
フォークの方をおさえ
ひとさし指と中指で
スプーンを動かす

フォークとスプーン、両方を
つつみ込んでにぎり
ひとさし指をそえる

［手打ち麺の野菜焼きそば］

# 手のひらで一本一本……、正真正銘の手打ち麺でつくる。

中華料理に銀針麺というのがある。うき粉を使ってやはり一本一本手で転がしてつくる。両端がとんがって針のようになる。あの海老餃子の皮がうき粉でつくった生地。白っぽさを銀にたとえる……。だったら、僕の麺は卵を使った生地からつくるから金色、金針麺!!

誰でも人は、褒められたことで心に残る思い出を持っている。自分ってすごいんだ、俺は天才なんだ……などと、ときどき思い出す。心の内のことなら、一応人畜無害……。今日の一皿はそんな思い出からの一品。褒めてくれた人はいまや、料理界で知られた有名シェフ。「指で生地をつまんで、手のひらで転がして」「野菜にアンディーブを使ったんですね！」

料理人は、ヌーベル・キュイジーヌの時代にパリで働き、帰国後は一気にクロスカルチャーを目指し、国籍を超えた。彼と出会ったのはその頃、もう二〇年以上も前。この一品もその頃の話だ。なぜだろう。その後これをつくったことは、一度もない。褒められたことが嬉しくて、自慢なのに、ほかの人から批判されたりしたくなかったからか。銀針麺のつくり方をまねて卵麺の生地でやってしまったことを思い出したくなかったからか……。

実際のところ、僕は皿の上の彩りのことだけを考えていた。フレンチ素材の中華料理への持ち込みは偶然だった。どうしても白がほしくて、アンディーブを手にしたわけだ。白菜では水っぽいし、もやしではしっかり火を入れて味を引き出すまでに透き通ってしま

●材料（2〜3人分）

［麺生地］強力粉＋薄力粉（半々）▼100g／卵（全卵）▼1個／塩▼1つまみ

［具］もやし▼片手いっぱいに1握り／パプリカ▼赤1個、黄1個／黄にら▼4〜5株／生きくらげ（大）▼1枚／アンディーブ▼1株／炒めるときの油▼大さじ1

［調味料］塩▼1つまみ／カキ油▼大さじ1／醤油▼小さじ1

う……。アンディーブは生でサラダとして食べ慣れた、使い慣れた素材だった。当時、僕は焼きそばにカキ油とか醤油とかは使っていなかった。塩だけで味をつくっていた。アンディーブはもちろん、火を止めてから放り込んだ。真っ白な素材が混ざり込み、パリッとして、それは美しかった。白を決め手とする以上、彩りに緑と考えるのは、稚拙に思えたから、そのとき香菜は使わなかった。炒めてもなお、弾力のあるきくらげの黒と、シャキッとした生のアンディーブの白との共演、それにしぼった。褒められたのは、そう、異素材にまで手を出すこだわりのことだったわけで、料理としての完成度のことではなかった。そう、そういうことだったかもしれない。

● もやもやを忘れるには、もう一度挑戦してみるっきゃなかろう。そして、味で褒めてもらいたいね。「旨いっ!!」って……。と、いうわけで、素材は前と同じ。鍋に放り込む順番でいうと、まずもやし。しっかり火が入ったら、黄にらと、きくらげの短冊切り。馴染んだら、茹で上げた麺。さっとあおって、カキ油と醤油、塩少々。味を見る間も惜しんで、パプリカの細めの短冊切り。これはもう皮を処理する段階で充分火が入っているから、パッパッと合わせて火を止め、最後がアンディーブの細切り。火の前では全部で五、六分のこと。皿に盛り込んだら香菜の葉を散らそう。

● 旨いっ!! シャリシャリとプルンプルン。それにしこしこ。ふんわりとした甘みと苦み。香菜と黄にらの香りがケンカしそうで心配かな? 大丈夫。もやしの土の香りが仲をとりもっている。全体を包むカキ油の味がこの一皿をどことなくミーティーなものにしていて、肉を使っていないのに、コクを感じる……。

● 麺を打つのはこれが、意外と面白い。一〇〇グラムの粉から一五〇本〜二〇〇本できたら、細身の麺がうまくつくれたというところ。たっぷり一時間半はかかるだろう。休みの日の朝のうちがいいね。ブランチに食うつもりで。一時間以上かけてのクッキング。何という贅沢!!

［ポーク・シャルキュチエ］

# 豚肉だったらこのソース。……それがシャルキュチエ。

● 我々にとっての「生姜焼き」のようなもの。生の豚肉をフライパンでさっと焼き上げる、そのときのフランスの定番ソース!!

● 肉は「トンカツ用」、知り合いの肉屋なら一・五センチの厚みでロースを何枚って、注文したらいい。フランス人は二センチくらいが理想的だという……。薄いと火が通りすぎてかたくなる。弱火でふんわりと火を入れるには、厚さが大切。そうかもね！　いずれにせよ料理の基本は、材料を室温の状態で扱うようにあらかじめ冷蔵庫から出しておくこと。芯まで室温になっていれば、焼き方のコントロールはそれほど難しくない。……ただし、この料理の流れはソースづくりからはじまる。

● ソースパンに澄ましバターをつくり、粉を入れ極弱火で三、四分、木べらでたえずかき混ぜながら、ブロンド色のルーをつくる。これがスタート。火を止めて一五分ほっておく。こいつにチキンストック（チキンだし）とトマトペーストを加えたら、別に炒めておいたベーコンも入れ、コトコト三〇分ほど煮る。これがソース・エスパニョール。この三〇分間にもう一つのソースパンで玉ねぎをバターで炒め、白ワインを加えて煮詰める。そこにソース・エスパニョール……、あとはコルニションを加えれば、ソース・シャルキュチエの完成……。

● コルニションは、本物のフランス製の瓶詰をさがしてみてくれ！　つんと酸っぱくて、コリコリしてるのが特徴。そのまんま食うというより、料理の素材ってことかな……。

●材料（4人分）

［一つのソースパンで］無塩バター▼10g／薄力粉▼大さじ1／チキンストック▼1カップ／水▼1カップ／トマトペースト▼大さじ1.5

［もう一つのソースパンで］玉ねぎ▼中2分の1個／無塩バター▼10g／オリーブ油▼大さじ1／白ワイン▼1カップ／塩・胡椒▼適量

［まな板で］コルニション▼10本／フラットパセリ（生）▼数枚／タイム（生）▼数枚

［フライパンで］豚肉（トンカツ用ロース肉）▼4枚／塩・胡椒▼適量

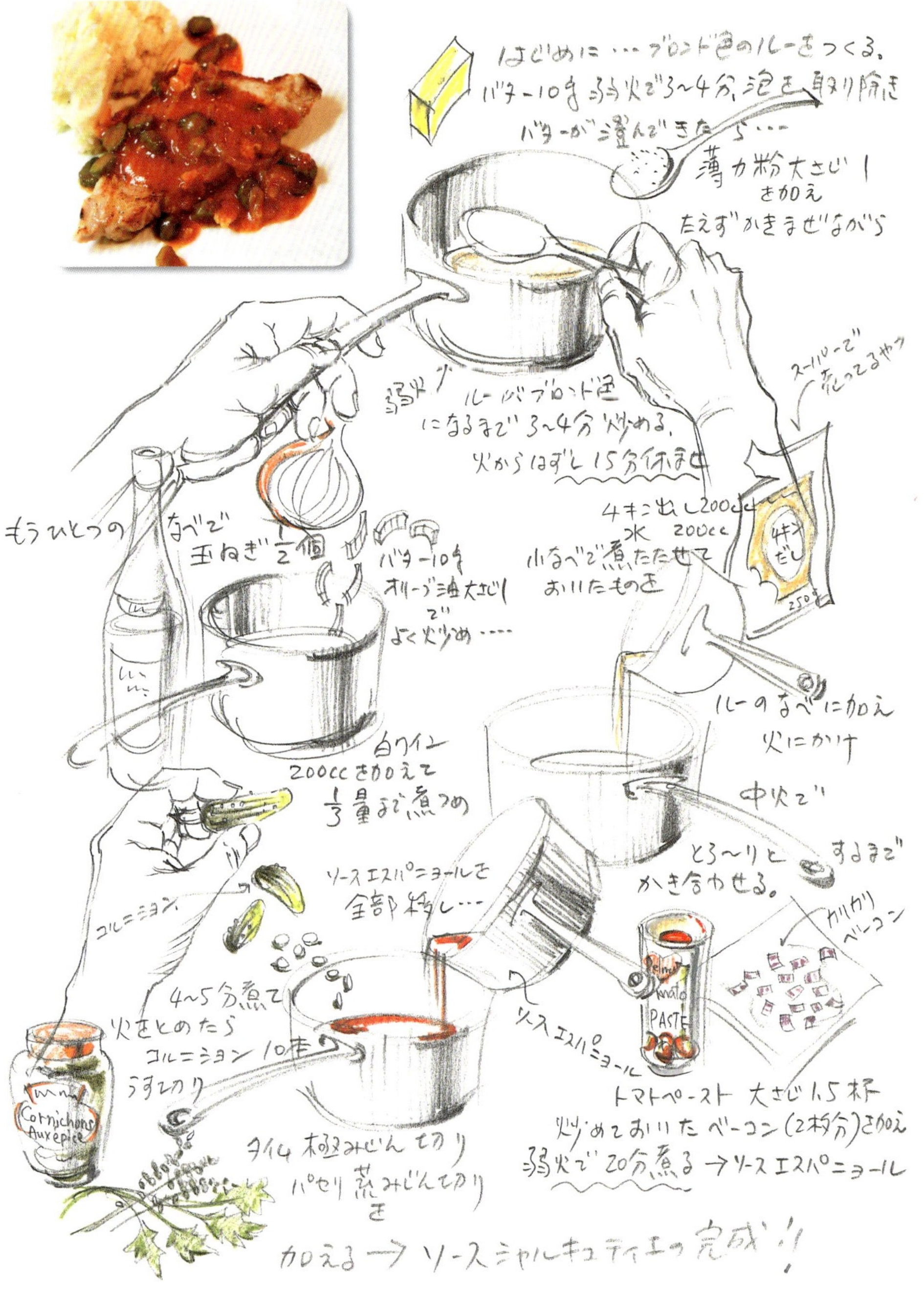
はじめに…ブロンド色のルーをつくる。
バター10gを弱火で3~4分 泡を取り除き
バターが澄んできたら…
薄力粉大さじ1
を加え
たえずかきまぜながら
弱火 ルーがブロンド色
になるまで3~4分炒める。
火からはずして15分休ませ
スーパーで売ってるヤツ
牛だし
250g
もうひとつのなべで
玉ねぎ1/2個
バター10g
オリーブ油大さじ1
で
よく炒め…
牛だし200cc
水 200cc
小なべで煮たたせて
おいたものを
ルーのなべに加え
火にかけ
中火で
とろ~りとするまで
かき合わせる。
白ワイン
200ccを加えて
1/3量まで煮つめ
ソースエスパニョールを
全部移し…
コルニション
4~5分煮て
火をとめたら
コルニション10本
うす切り
Cornichons
Aux epice
ソースエスパニョール
カリカリベーコン
PASTE
トマトペースト 大さじ1.5杯
炒めておいたベーコン(2枚分)を加え
弱火で20分煮る → ソースエスパニョール
タイム極みじん切り
パセリ荒みじん切り
を
加える → ソースシャルキュティエの完成!!

［筍のサイコロ・ステーキ］

# あくも強く歯ごたえしっかりの根付の部分を、じっくり焼き上げたときの気分……最高だぜ。

●材料
筍▼2本（根付の部分のみ）／オリーブ油▼50〜100cc／酒と醤油▼半々に合わせたもの／粉山椒▼少々

●懐石の焼き物として正式。でも、サイコロ・ステーキと呼ぶのにはわけがある。生の筍、あく抜きのため最初にたっぷりの油で火を通すのだが、ここでオリーブ油を使う。オリーブ油が旨い。ある料理人が教えてくれた。正式の日本料理には使えないんだけど、料理がお好きなら試してみてください……って。で、香味焼きなどと呼びたくなかったんだ。

●ステーキっていうのは肉などの塊のこと。筍の根付の部分は節が詰まってずっしり重い。まさにステーキだ。料理人たちはここが筍では一番旨いという。先の方なんか若竹煮ぐらいにしか使えないって……ほんとかなあ。客には出せない根付の切り落とし、何とか物にしたい。どうせなら根付にしか出せない味を出せたらと思う。賄い飯から、そんな風にこの料理は生まれたんだ、などと想像してみる。

●入手時の鍬痕をさらったら、二センチ四ミリ、厚みをそろえて輪切りにする。皮付きの部分と、赤い根のついたところを包丁で薄く漉きとって、わずかに面取りしたあと、両面に三、四ミリ幅で厚み半分の切れ目を入れる。

●小さいフライパンにオリーブ油を筍が半分浸るぐらいの量を入れ火にかけ、筍を弱火でゆっくりジクジクいわせる。柔らかくなったら引き上げ、油を落とし、酒と醤油を半々に合わせたものをはけ塗りしてロースターで焼き上げる。粉山椒を振ったらサイコロに切って熱々を皿に。箸先で転がすたびにふわーっと湯気が立つ……名残ってこのことかい！

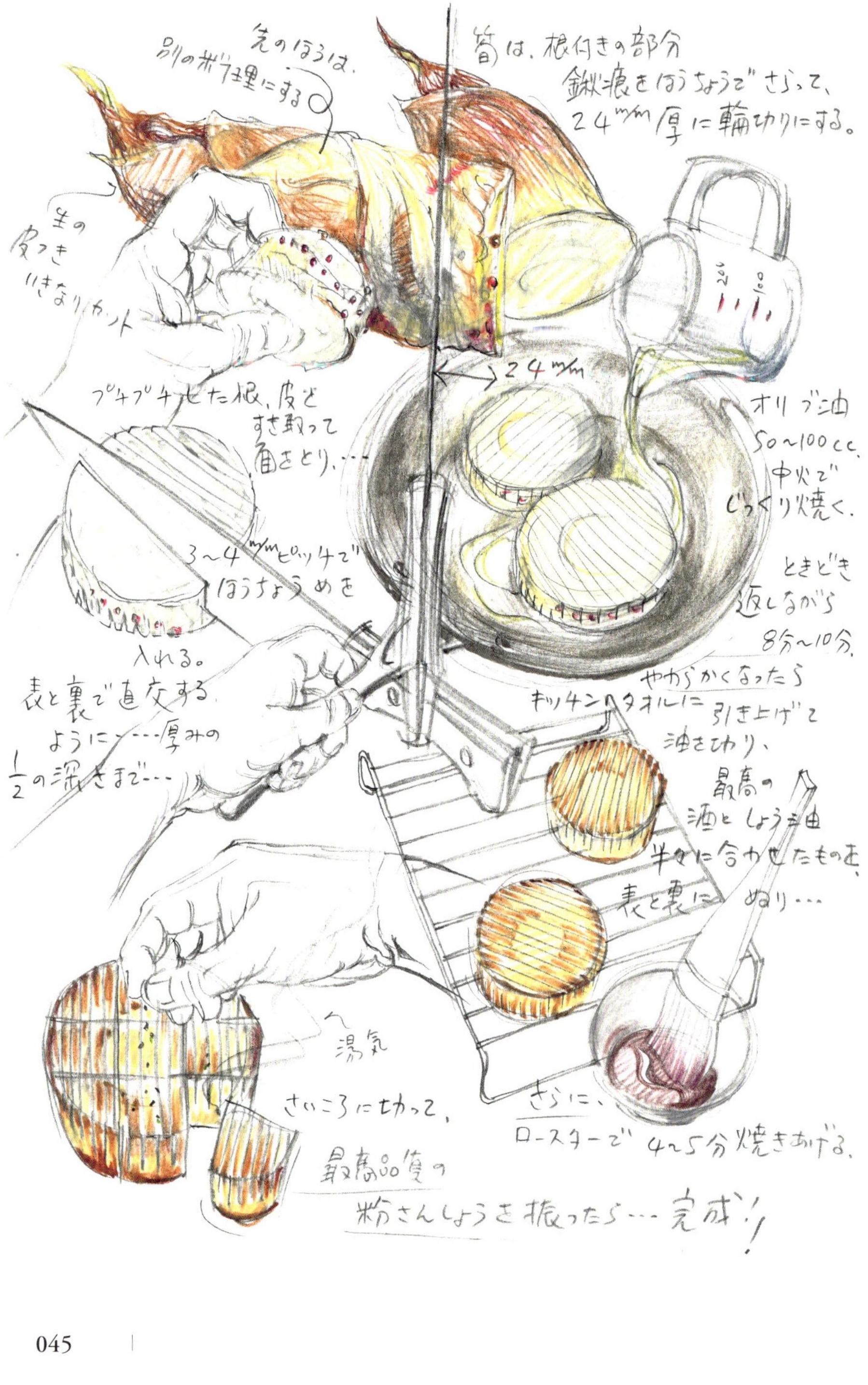
先のほうは、
別の料理にする
筍は、根付きの部分
鍬痕きほうちょうでさらって、
24mm厚に輪切りにする。
生の
皮つき
いきなりカット
24mm
プチプチした根、皮ど
すき取って
面とり…
オリブ油
50〜100cc.
中火で
じっくり焼く.
3〜4mmピッチで
ほうちょうめを
入れる。
表と裏で直交する
ように……厚みの
½の深さまで…
ときどき
返しながら
8分〜10分.
やわらかくなったら
キッチンペタオルに　引き上げて
油きり、
最高の
酒としょう油
半々に合わせたものを、
表と裏に　ぬり…
湯気
さいころに切って、
さらに、
ロースターで　4〜5分焼きあげる.
最高品質の
粉さんしょうさ振ったら…完成!

［めばるのポアレ］

# 新ごぼうのキャラメリゼとルッコラのサラダと一緒に……。

●材料（2人分）
めばる（またはいさき）▼2匹／新ごぼう▼1本／ルッコラ▼1束／グラニュー糖▼小さじ1／オリーブ油▼大さじ2強／バルサミコ▼大さじ1／塩・胡椒▼少々

● めばる……いさきでもいい。春から夏にかけての白身の魚。こんがりと焼き色をつけたあつあつのポアレと、これもあつあつでにがにがのごぼうのキャラメリゼ。それにルッコラ。こちらはえぐえぐのしぶしぶ……。陽射しの強くなる五月。まだ、どことなく柔らかみの残る新ものの素材……。この味のしっかりとした存在感!!

● 「この前、本でジェイミーの料理見てたら、赤玉ねぎのキャラメリゼやってたよ」「カリカリに焼いたベーコンにルッコラをガシャガシャっと混ぜて、別に焼いてキャラメリゼした赤玉ねぎ、芯付きで八等分したやつを盛り込んで、パルミジャーノの荒削りをぶっかけて……」「いやあ、旨そうですね。火を入れてしんなりした玉ねぎをつまみ上げ、砂糖をつけた面を下にしてフライパンに戻して……玉ねぎを直に手でつかんで、手で押しつけて、アチ、アチとかいってね……」（そう、ジェイミーは何でも手で直につまんで調理をするので有名。あのTV番組、ネイキッド・シェフを見たかい？）

● で、僕も何かやりたかったのである。「赤玉ねぎのキャラメリゼを付け合わせにして、白身魚じゃ、ちょっと弱いかな……？」「いいんじゃないですか！　鯛がいいですよ。皮の方をしっかり焼いて。濃い味が出ますよ！」

● 玉ねぎじゃなくても、「ごぼうですよ、ごぼう。ごぼうのキャラメリゼもいいと思います」「キャラメリゼに入る前、ごぼうが柔らかくなったところで、普通はフライパンのオ

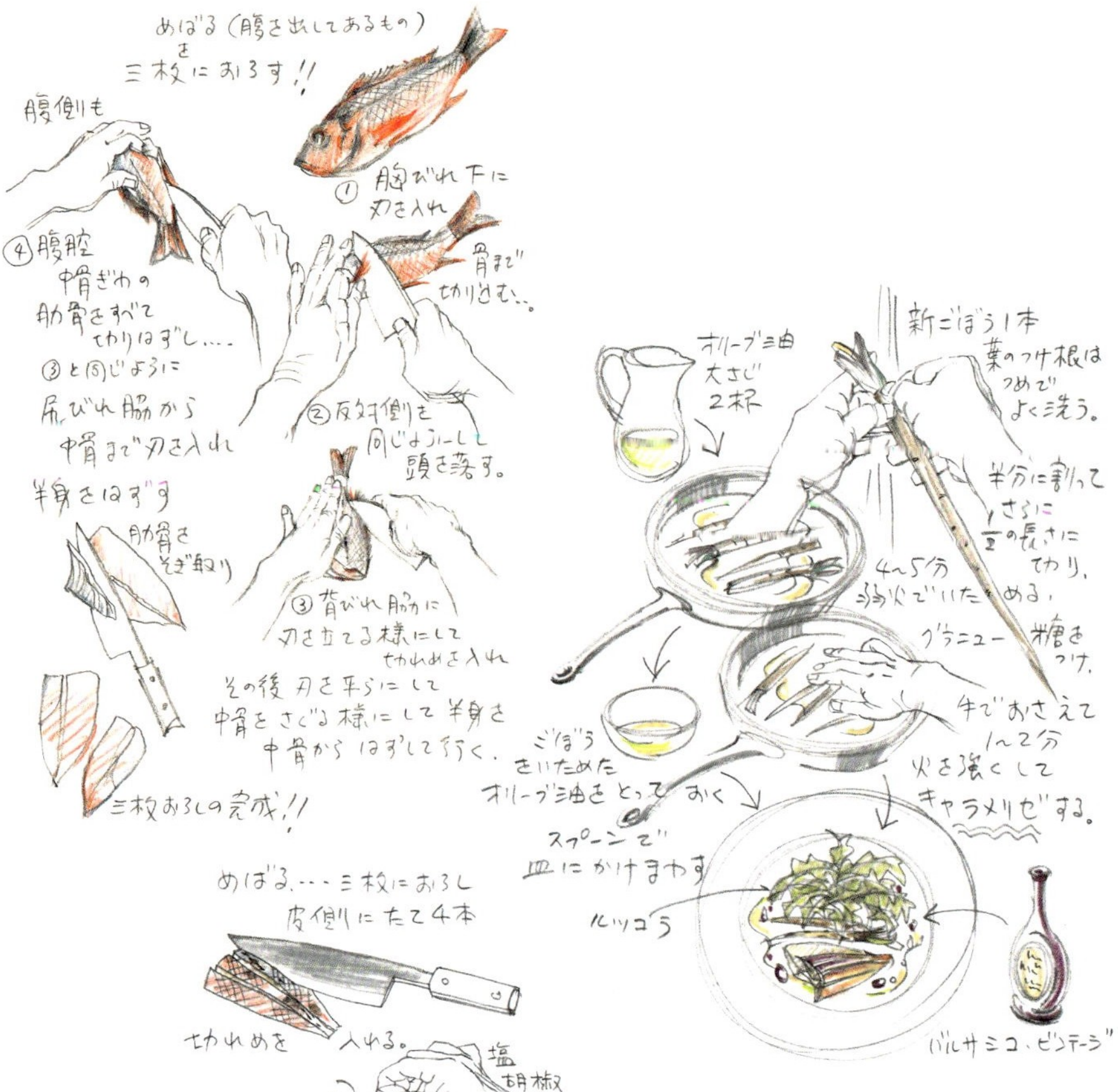


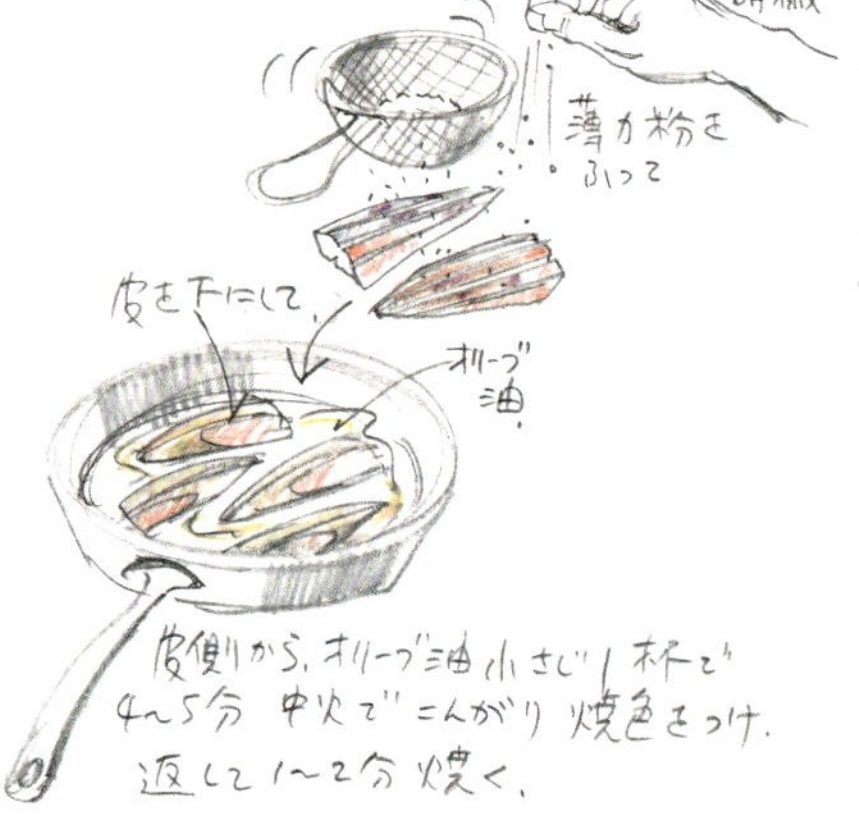


リーブ油を捨てるでしょ。捨てないでとっておいて、これを使って最後に皿にかければいいんですよ……』『なるほどなるほど。鯛じゃなくて、季節を考えると、いまならめばるでどうだろう』『あっ、いいと思いますよ。いさきなんかもいいし』。……以上、若い友人シェフとの対話……。ありがとう、やってみるよ！新ごぼうの、あの葉っぱのついているやつ。葉っぱごとフライパンにおっつけて、キャラメリゼしてみよう。

# Summer Recipes

## ［夏のレシピ］

◉……ソースはユニオンスクエア・キャッフェの方でいこう。
ゼラチン質の膜が張るほど煮詰めた
ひらめの出汁をつくろう……
ズッキーニは三角薄切り。皿と一緒に焼いとこう。
トマトはプチトマト三色。
香草は四種類。ねぎはどうかな？

［パパイアのフラッペ］

# 意外とこれが、ガッツリ食うときの前菜にいけるんだ。

●材料
パパイア▼1個／牛乳▼150cc／ヨーグルト▼大さじ2／グラニュー糖▼大さじ2／砕いた氷▼1カップ

● 夏の前菜で昔からあるのがムロン・アラ・ポルト、まるごとメロンの上の方を切りとって種をくり抜き、ポルト酒をそそぎ入れたやつ。スプーンでポルト酒と一緒に果肉をすくって口へ運ぶ……。で、このパパイアのフラッペも、両手でつつむほどのビールグラスにでも入れると、けっこう迫力あるぜ。

● まだ青っぽく硬いパパイアを薄切りにして肉をはさんでおくと、肉が柔らかくなる。沖縄でそう教わった。しばらく置いて、肉はステーキに、パパイアも同じフライパンでソテーにして付け合わせる。肉を柔らかくする酵素が、腹の中では消化を助けるということらしい。ま、そういうわけで、これを前菜、そしてメインディッシュをしっかりと、なんて構成でメニューをつくってみたらどうだい。

● フラッペ。ポッタリとした冷たい飲みもので、氷がしゃりしゃりするやつ。ミルクシェークにアイスクリームを入れちゃったやつ。これアメリカ語かなあ。イタリアではグラニータかな？　フランスでは？

● どこの家にも、いつどうして知ったのか、はっきりしないままつくられ続けている料理があるだろう。いろいろ工夫して、だんだんおいしくなって……。僕の場合は、この一杯。氷なしならレ・ドゥ・パパイ。レはフランス語で乳、または乳化飲料、正式なレシピだ。でも僕としては「パパイアのフラッペ」。フラッペは、歯にしゃりしゃりっとくるあの感じを意味している。そうじゃなくちゃいけないんだ。

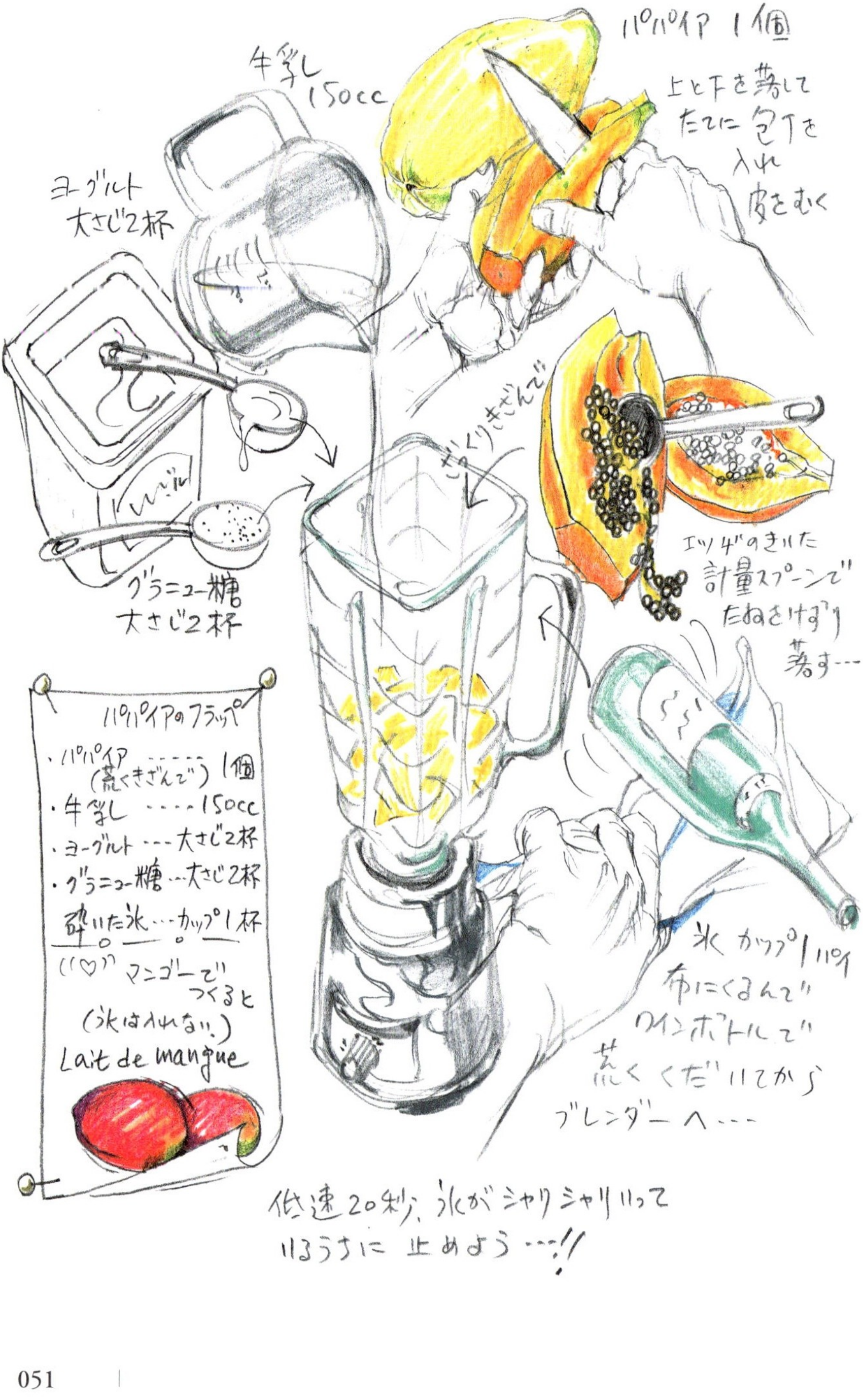

パパイア 1個
上と下を落して
たてに包丁を
入れ
皮をむく
牛乳
150cc
ヨーグルト
大さじ2杯
グラニュー糖
大さじ2杯
ざくりきざんで
エッヂのきいた
計量スプーンで
たねをけずり
落す…
パパイアのフラッペ
・パパイア……1個
（荒くきざんで）
・牛乳……150cc
・ヨーグルト……大さじ2杯
・グラニュー糖……大さじ2杯
砕いた氷……カップ1杯
（♡）マンゴーでつくると
（氷は入れない）
Lait de mangue
氷カップ1ぱい
布にくるんで
ワインボトルで
荒くくだいてから
ブレンダーへ…
低速20秒、氷がシャリシャリって
いううちに止めよう…!!

【カルパッチョ・アル・フォルノ】

# カルパッチョ、今日の素材は肉じゃなくって魚。アル・フォルノがついて火を入れた……ってこと。

●材料（2人分）
ひらめのフィレ▼100～120gを2本／玉ねぎ▼2分の1個／にんじん▼1本／ねぎ▼15cm／セロリ、ローリエ、タイム▼適量／白ワイン▼150cc／水▼400cc／オリーブ油▼大さじ3／パセリ、タラゴン、チャイブ、チャービル▼適量／レモン汁／塩・胡椒▼適量／ズッキーニ▼2分の1／プチトマト（3色）

● 紙のように薄い魚の身に火を入れて、身を壊さないように皿に移す……料理人の手さばきを覗いてみたくないかい？

● 魚の身は叩いて薄く伸ばして皿一面に広げた一枚もの。継ぎ目などなしってことで……。明らかに、しかしほんのりと浅く火が入っていて、白っぽく変化しているのがわかる。最初にこの料理に出会ったのはアメリカは西海岸、サンノゼの南、カーメルのインだった。魚はサーモン。アル・フォルノはいいんだけど……でも、どうやってこんな紙みたいな薄いやつを扱ったんだ？……素直に、目にした瞬間に僕はそう叫んだ。しばらくしてシェフがやって来て、話が伝わっていたらしく、挨拶ぬきで僕に話しかけてきた。皿です、皿です、皿をはじめに焼いとくんです。その上に生の身を広げて……そのときの僕の目は多分、憧れ、尊敬。そのあとの握手は、握手というより手に触れさせていただいたって感じ。もう一五年も前のこと。

● その次の出会いはニューヨーク、ユニオンスクエア・キャッフェ。最初の出会いがあまりにも強烈だったから、アル・フォルノって一般的だったんだ……って意外だった。すずきの身を二枚のラップにはさんで肉叩きで三ミリに叩き伸ばしたら、フォイルに移してオーブンで……火の入れ方は違っていた。たぶんこっちの方が一般的。ソースが素晴らしかった。すずきのアラからとった出汁を強烈

① 野菜のメッチャ切りを なべに入れ オリーブ油で いためる 4〜5分
にんじん1本
玉ねぎ1/2コ
② 次にひらめのあら 200〜300gを加えて
4〜5分
ひらめのヒレ
100〜120gを2本(2人分として)
身の厚いところに たてに刃を入れ Bookに ひらく
ローリエ
③ 白ワインを150cc 注いで 2〜3分
タイム
指ではさんで もち上げるようにして 切り進める
ねぎ 15cm
セロリ
⑥ 小なべに 移し100cc 以下に 詰める
④ 水400ccを 加えて30〜40分
⑤ 漉す
フォイル
ワインボトルで3m/m厚に たたき伸ばす
まんなかをうすく…
塩、こしょう レモン汁でマリネ
冷蔵庫
クレラップ
カップ1杯ぐらい
⑦ 出し汁大さじ4杯
ブレンダーにて
オリーブ油大さじ3杯を
少しづつ 加えて…
エマルジョンをつくる
パセリ
タラゴン
皿を200°のオーブンで 8〜10分焼く
あつあつの皿に ひらめをのせて ひろげ
チャイブ
チャービル
仕上りに レモン汁
1/2ズッキーニの薄切りは 皿と同時に 焼いておく。
ズッキーニとプチトマト(3色)の薄切り をひらめの上にのせ ソースをかけまわす!!
⑧ エマルジョン(ソース)をふたたび 小なべに移し、塩、こしょう 4種のハーブ(みじん切り)を加えて あたためておく。

に煮詰めて少量の酢を加え、ブレンダーでオリーブ油とのエマルジョンに仕上げたもの。ズッキーニの薄切りとトマトの小さな角切り、ねぎを細かく切って加え、香草のみじん切りを加えてほんわか温めて完成。

● 今日のレシピはひらめを使う。熱々に皿を焼いてその上に広げるカーメル流。どうしてもこれがやってみたかった。ちなみにロイヤル・コペンハーゲンに聞いてみると耐熱仕様にはなっていませんとのこと。かまうもんか、陶器そのものは何百度でもオッケーのはず、冷熱の負荷は怖いけど、充分小さい。ソースはユニオンスクエア・キャッフェの方でいこう。ゼラチン質の膜が張るほど煮詰めたひらめの出汁をつくろう……ズッキーニは三角薄切り。皿と一緒に焼いとこう。トマトはプチトマト三色。香草は四種類。ねぎはどうかな？

● 酢はやめてレモンの絞り汁。うめーだろうな。美しいだろうな……。

fines herbes
セルフィーユ（チャイブ）
パセリ
エストラゴン
（タラゴン）
シブレット
（チャービル）
以上4種のハーブの
きざんだものを
フィーヌ・ゼルブと呼ぶ

## ［ポッロ・トナート］

# ああ、あれね。夏の一皿だよ……そんな言葉が返ってくる。

●材料（2人分）
鶏の胸肉▼1枚
［トナート］ツナ缶（オイル漬け）▼1個（内容量135g）／アンチョビ（フィレ）▼4本／小玉ねぎ、青唐辛子、ちびきゅうり等の酢漬▼片手にのるくらい／ケッパー酢漬▼大さじ1／オリーブ油▼大さじ2～3／マヨネーズ▼50～60g／細ねぎ▼少々

●トナートとは、まあ、ツナマヨのようなもの。ゆでた仔牛のもも肉の薄切りを冷たくしておいて、これをのせる。ビッテロ・トナート。イタリア人ならみんな知っている……。

●仔牛ならビッテロ・トナート、七面鳥にのせれば、タキーノ・トナート。僕の今日のレシピはただの鶏。だからポッロ・トナート。

同じ鶏なのに、胸肉はもも肉とまるっきり味が違う。もも肉にはないあの鉄味、釘をなめたときのような、あの味がある。ツナがまたそうだ。魚なのに、鉄味。ヘモグロビンの味……。血の味ってやつか……。肉と魚、異素材が実は強烈な共通点で結びついている。

探してみたら、旅行ガイドブックに挟まってくしゃくしゃのメモが見つかった。このトナートのつくり方をフィレンツェの食堂のおばさんがメモしてくれたものだ。メモの脇に僕のスケッチで酢漬けの野菜の姿がいちいち描き込まれている。ペパローニの脇にこーんなかたち、チェトリオーニの脇にあーんなかたちというわけだ。それやこれやの酢漬けの野菜にケッパーの酢漬け、アンチョビのフィレを加えて、ツナ缶のオイルを切って割りほぐし、鍋に入れ、白ワインを注いで一〇分から一五分煮る。しかるのち、すべてを裏ごしして、マヨネーズを加えてでき上がり……。そこにはそう書かれていた。「えーっ、一度煮るのかよ!!」白ワインの煮詰めた味を炊き込むんだ。アンチョビだって、おばさんはすごかった。缶や瓶に入ったオイル漬けのフィレなんかじゃ

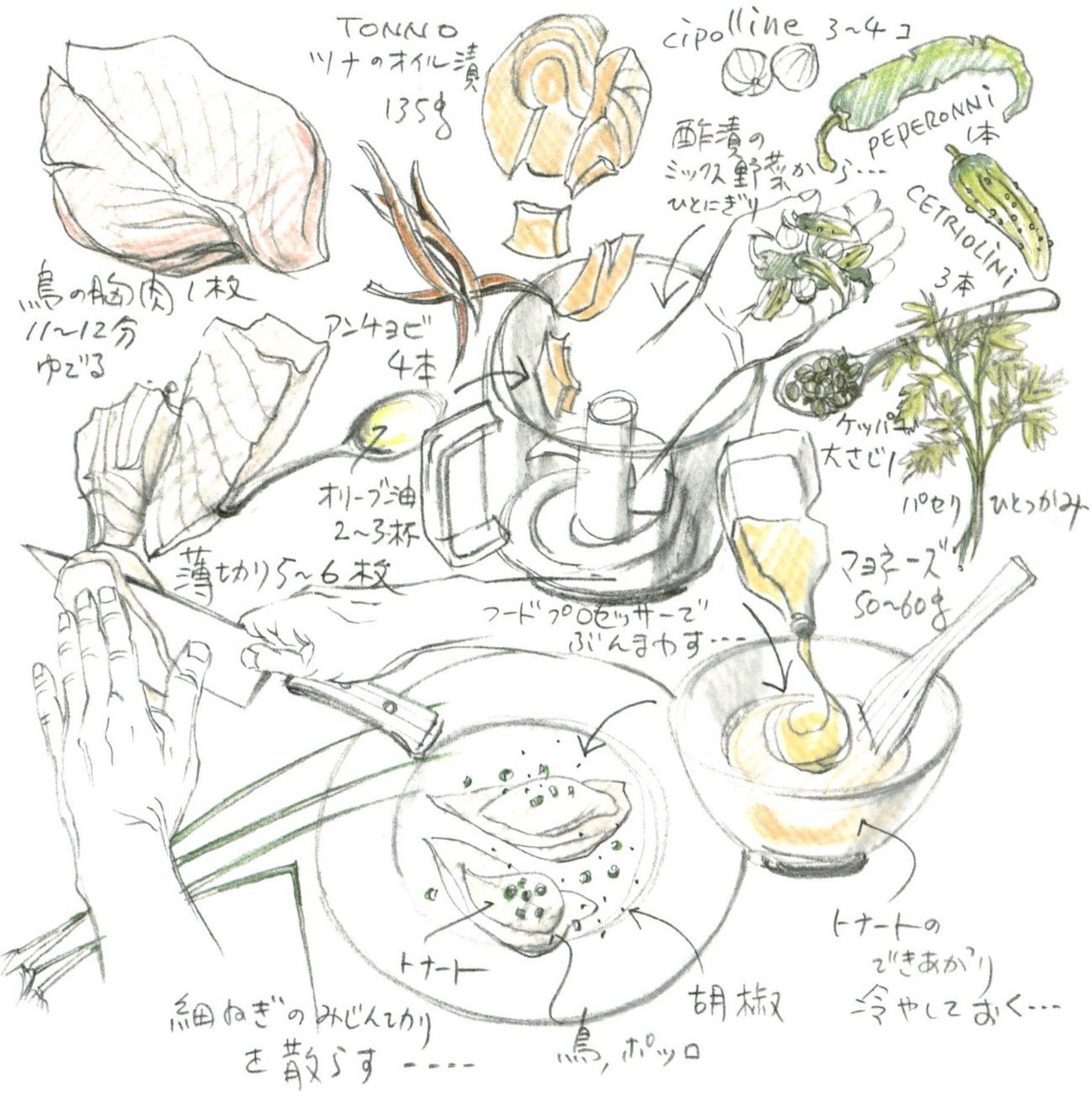


ない。自分で生イワシを塩漬けにしたやつ。青、銀色の美しいやつを見せてくれた。赤黒っぽい紐のようなやつじゃないんだぜ!!

●僕はツナ缶、それとミックス野菜の酢漬けを一握り、ケッパーの酢漬けに、瓶詰めのアンチョビのフィレ、イタリアンパセリを一握り。オリーブ油をタラーリと加えて、フードプロセッサーでしっかり滑らかになるまでぶん回す。火にかけたり、煮詰めたりのプロセスはない。なめらかなパテ状になったところで、マヨネーズを加える。加えすぎると、トローリと軟らかくなりすぎるから、少しずつ加えて様子を見る。冷蔵庫でよく冷やしておいた鶏の胸肉の薄切りを皿に並べ、スプーンでトナートを盛りつけて、細ねぎのみじん切りを散らしてテーブルに運ぶ。

●まぐろはシチリア近海、メッシーナ海峡など、南の方でとれるのに、なぜかこの料理、スイス南部に接するピエモンテの名物。夏の日差しを浴びながら、テラスでピエモンテ産のスプマンテ・アスティをやるとするか!

［パエリア］

# いよいよ待ちに待った、パエリアの季節の到来だ！

●パエリアといえば、屋外料理。軽くて薄いテッパンでできた、まあるい取っ手が耳のように張り出したあのパエジェラでつくる、まあリゾットのようなお米の料理。みんな好感を持ってはいるはず。ところが誰に聞いても、そんなに旨くない……という。だから、こうつくってほしいという思いを込めて、僕のレシピを発表！

●フューメ・ド・ポアソンとブイヨンを合わせ、トマトを加えて味を引き出し、サフランで香りをつけた合わせブイヨンをつくっておく。これが決め手。この段階で、塩味をほどよくつけておくのがポイント。大きくて浅い鍋に新鮮な魚貝類を入れ、この合わせブイヨンを注げばブイヤベースだ。

●パエジェラにたっぷりのオリーブ油を流し入れ、火にかけ、お米（一人一合は食べちゃう）を入れてなじませたら、魚貝類、鶏の骨付き肉（手羽元がおすすめ）等々を、米に半分もぐり込ませるように並べる。肉類は塩・胡椒したあとにさっと別のフライパンで焼き色をつけておく方がいい。

●すぐさま、あつあつに加熱した合わせブイヨンを上から注いでぐらぐらいわせ、クッキングホイルを広げて覆うように置いたら、五、六分強めの火で炊き、そのあとは九、一〇分細火でじっくり炊き上げる。炊き上がり一、三分前に、彩りに使うさやえんどうやいんげんを放り込み、ホイルで覆う。

●火を消してホイルをとり去ったら、ペパ

まんまるのところ 1cm幅に切って
パエリアにまわす!
玉ねぎ
セロリ
にんじん
こういう野菜のくずをミルポアと言う。
ローリエ
とりのがら
ひらめのあら
ミルポアを
オリーブ油で
いため
それぞれ
ひらめ
を入れ
鳥がら
水を加えて約1時間
よく煮る。
フューメ・ド・ポアソン
ブイヨン
にんにく
みじん切り
オリーブ油
サフラン
ターメリック
にんにくみじん切り少々オリーブ油で軽くいためて
フューメとブイヨン両方をそそぎ入れ
きざみトマト サフラン ターメリックを加えて加熱する。

ローニのまんまる薄切り、赤、黄ピーマンの細切り等を美しく散らす。ピーマンは真っ黒に直火で焼いたら紙袋にでも入れ、しばらく置き、米を炊いている間に皮をとり去り細く切る。水で洗い流すと香りが飛ぶので要注意。

● 魚貝類は何でもいい、好きなものを入れて、好きな味を楽しんでほしい。米の炊き上がりはアルデンテ。おこげが全体にうっすらつくぐらいが理想だ。米対ブイヨンの比率は、のせた具がひたひたに隠れるぐらいが目安。

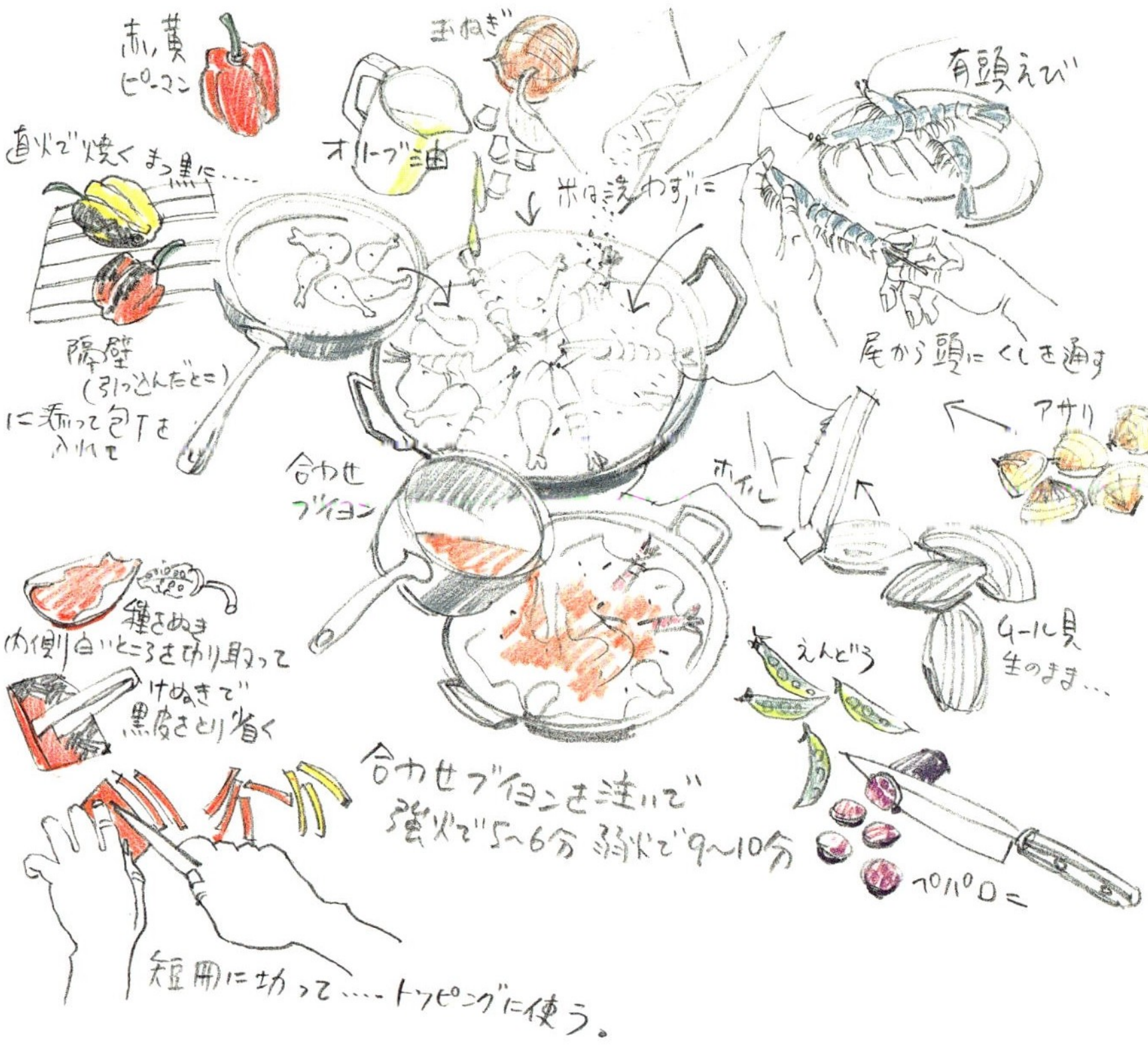
赤、黄 ピーマン
直火で焼く まっ黒に……
隔壁（引っこんだとこ）に添って包丁を入れて
玉ねぎ
オリーブ油
米は洗わずに
有頭えび
尾から頭にくし通す
アサリ
ホイル
合わせブイヨン
種をぬき
内側白いところを切り取って
けぬきで黒皮をとり省く
合わせブイヨンを注いで
強火で5〜6分 弱火で9〜10分
えんどう
ムール貝 生のまま……
ペパロニ
短冊に切って……トッピングに使う。

●材料（4〜6人分）
米▼4〜5合／オリーブ油▼100cc／玉ねぎ▼中1個／鶏（骨付き）▼8〜10ピース／有頭海老▼4〜6本／ムール貝、あさり、その他いか等▼人数を考えて／ペパローニ▼10cm／赤、黄ピーマン、さやえんどう等色のきれいな野菜▼適量
［ブイヨン］鶏ガラ▼1羽分／ひらめの頭▼アラ1匹分／にんじん▼2本／玉ねぎ▼大1個／ローリエ▼2枚／セロリ枝▼2本 ほか香草類／トマト缶▼1缶／サフラン▼1つまみ／ターメリック▼大さじ1／カイエンヌ▼小さじ1（好みで）

［柿の葉寿司］

# 奥吉野に寿司の原点を訪ねて……。柿の葉に、いまこそ主役を演じてもらおうではないか。

●材料（約40個分）
塩鮭▼半身の腹腔より下／飯▼米4合／柿の葉▼40枚
［すし酢］酢▼70cc／砂糖▼25cc／塩▼10cc

●奥吉野は川上村の柿の葉寿司。「大台みやげ」とあるように、ドライブ時代の土産品として、大滝茶屋の梅野ばあちゃんなる人物が商品化したのが最初と聞く。酢飯に塩鯖の薄切りをのせて握り、柿の葉で巻いて押す。谷崎潤一郎の『陰翳礼讃』にもそのつくり方が詳しく書かれていることでも有名だ。谷崎は吉野を旅した友人の話として書いているが、当時、つまり昭和初期に酢飯は使われていない。飯と塩をした魚による「半馴れ」だったようだ。梅野ばあちゃんが、土産品としての柿の葉寿司に、都会人の口に合うように、あるいは少しでも日保ちのよいようにと、酢飯を使った最初の人だったのだろうか。……梅野ばあちゃんは、魚はジャリジャリと浮くほど多くの塩をし、身もしっかりしまったものを使ったようだ。

●僕はしかし（ここで僕のレシピ）、甘口のもの、鯖にしようか鮭にしようか迷った末、鮭、しかも最高のトキ鮭を使うことにした。魚屋は甘口じゃないよとはいったが、昔に比べれば随分甘い。身も、したがって柔らかい。飯の酢は、ひたすらに柿の葉の効用（ものの保存性を高めるという）を信じ、控えめ。夏の暑い日に、いかに酢飯だ柿の葉だとはいえ、丸一日、いやそれじゃあまだ味が馴染まないと、もう一日、常温の部屋の隅に置いておくのは勇気がいる。しかし〈時〉は芸術家、最低でも一日半置くと塩鮭の身が堅くしまり、色も赤味が褪せて白っぽくなる。この味、なぜか懐かしい。ちょっと一滴、醤油をたらして口にすると……旨い！

●紅葉の季節の大滝茶屋の柿の葉寿司。

塩鮭、半身の腹腔下、尾まで…。
中骨をはずす。
骨ごと焼いて
お茶漬け！
腹腔
ーーも
焼いて
お茶漬けに!!
皮のあった方を上にして
尾のほうから
薄くそぎ切り。
40枚近くとれるはず！
半分に割って
皮をひく。
めし（米4合分）
併せて
酢 70cc
砂糖 25cc
塩 10cc
ひと煮たち
ここで
切っておく
手前
葉さきに置いて
ぐるり
にぎりずし
より大きめ！
石！
小口も
葉をまき込む
寿司桶にぎっしり並べて
内ぶたを置き石をのせる。内ぶたは売ってない。自作だよ！

［プッタネスカ］

# 大満足！のピアット・ウニコ……ピアットは皿。ウニコは唯一。前菜も主菜もなく、一品料理をこう呼ぶ。

●材料（2人分）
にんにく▼1片／アンチョビ▼5〜6本／オリーブ油▼大さじ2弱／トマト缶▼1缶／唐辛子▼1本／ケッパー▼大さじ1／黒オリーブ▼1つまみ／なまり節▼1パック／スパゲッティ▼200g

●プッタネスカ。南西イタリア、ナポリあたりが発祥。第二次大戦後の混乱期に生まれた新しい料理ながら、世界中で愛されている。しかしこの呼び名、世界の料理人は誰も自国語に訳そうとしない。……プッターナ。娼婦。このぶっ飛んだ呼び名に好奇心を駆り立てられる人はいっぱいいて、どの解釈ももっともらしい。……手間をかけない、そして、あり合わせの……。ナポリで有名なトマト味のパスタ料理なら、海老とあさり、たこ、ムール貝を使った漁師風。海老とあさり、ローマ風トマトソースで総督風。海老もあさりもなし、塩漬のアンチョビに塩漬の黒オリーブ、塩漬ケッパーに干からびた唐辛子……プッタネスカ。ほかに何と呼べというんだ。

●ある料理人がプッタネスカにツナを加えたことがあり、興味を引かれた。仲間にナポリ湾アマルフィ海岸出身者がいて、よくつくってくれた賄い料理だと彼はいう。贅沢にも生のまぐろを使ってプッタネスカとは……。

●なまり節。僕はこれを選ぶ。一応保存食。保存食つながりということで、相性はこっちの方がいい。なまり節といえばかつおだが、鯖を使ったなまり節もある。それも旨い。ツナ缶、鯖缶、勿論オッケー。食糧難の時期に、何とか家々の食品庫にあった保存食材、アンチョビ、オリーブ、ケッパー、そのしたたかな素材がベースにあればこそ……何だろう。一素材加えて大満足ピアット・ウニコ。やってみてくれ。病みつきになるぜ！

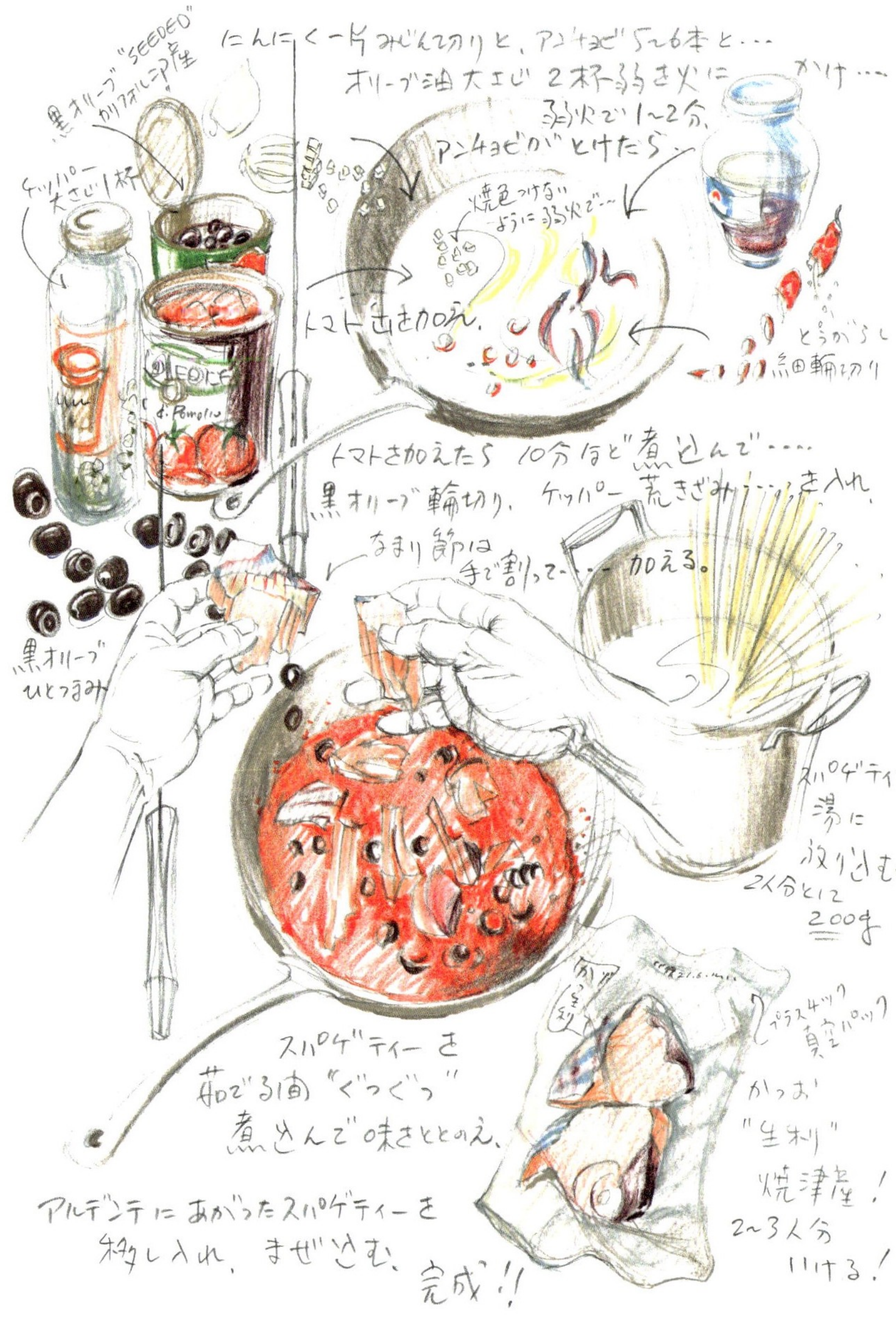
黒オリーブ "SEEDED" カリフォルニア産
ケッパー 大さじ1杯
にんにく一片みじん切りと、アンチョビ5〜6本と…
オリーブ油大さじ2杯弱き火にかけ…
弱火で1〜2分。
アンチョビがとけたら…
焼色つけないように弱火で…
トマト缶を加え、
とうがらし 細輪切り
トマトを加えたら10分ほど煮込んで…
黒オリーブ輪切り、ケッパー荒きざみ…を入れ、
なまり節は手で割って…加える。
黒オリーブ ひとつまみ
スパゲティー 湯に放り込む 2人分として 200g
プラスチック真空パック
かつお "生利" 焼津産！ 2〜3人分いける！
スパゲティーを茹でる間 "ぐつぐつ" 煮込んで味をととのえ、
アルデンテにあがったスパゲティーを移し入れ、まぜ込む、完成!!

## ［卵ドライカレー］

# 口の中で全部いっぺんに噛み合わせると、これってお菓子なのかといつも思う……。

●材料（2人分）
炒め油▼大さじ1／ターメリック▼大さじ3分の2／卵▼2個／炊きたてご飯▼米1合分／塩▼適量／ガラムマサラ▼小さじ2分の1／赤玉ねぎ（身の厚い所のみ）▼1個／ミントの葉▼片手いっぱい

●赤い卵炒めをつくるんだ。ターメリックは、着色剤じゃなくて、発色剤なんだってさ……。赤玉ねぎは仕上がりどきで、ほとんど生、ミントの葉で全体を覆うように飾って……。

●一昔前……、僕のアトリエが西麻布にあって、よく通っていたインド料理店の主人が教えてくれたレシピが、これ。インド人の彼はコックというよりケミストに見えた……。実際やってみる。ターメリックを溶かした油を加熱して、卵を加えると、ただ黄色く着色した状態で卵炒めができる。納得いかないまま飯を加え、塩で味を調えて、調理を進めていくと、米は黄色のままなのに、卵はどんどん赤みを増してくる。フライパンの中の素材がパラパラに、サラサラになったら指の爪くらいの大きさに切っておいた赤玉ねぎを放り込み、火を止める。玉ねぎは炒めない。水が出るから……。で、ガラムマサラは火を止めてから振り込んで、フライパンをあおって混ぜ合わせる。……そんな感じ。

●料理人は、ターメリックは苦いという。ガラムマサラは甘いという。玉ねぎも甘い（特に赤玉ねぎは甘い）仕上がりに全体を覆うミントの葉はもちろん甘さを強調する。苦味と甘味三様。「もしも胡椒を加えたければ、早い段階で入れとけよ」これも料理人のアドバイス。胡椒は辛いだろ。ガラムマサラとは合わない。入れるなら早く入れて火をしっかり通して辛みをとるようにするんだ……。はいはい、わかりました。胡椒はやめときます……。

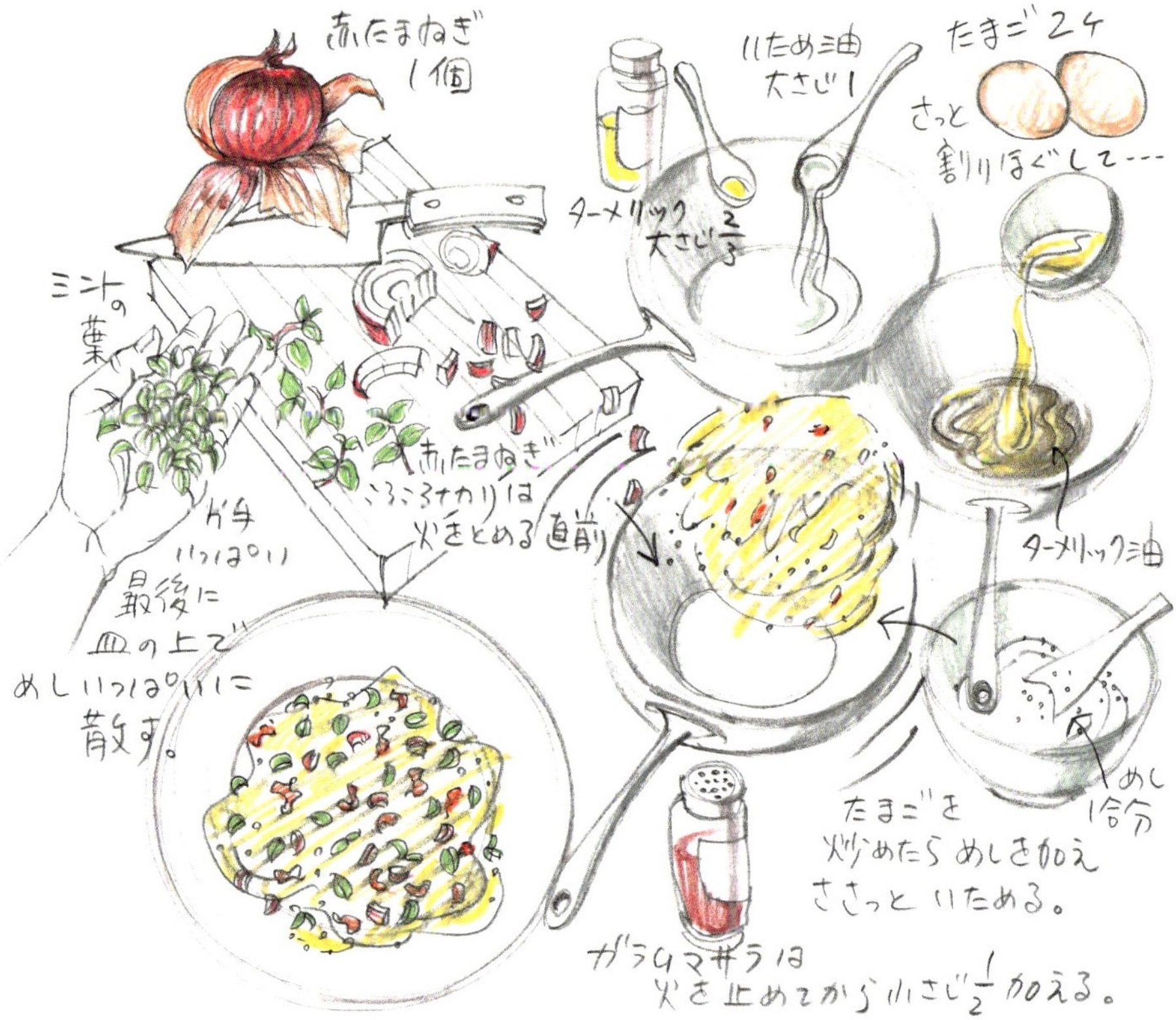
赤たまねぎ 1個
いため油 大さじ1
たまご 2ケ
さっと 割りほぐして…
ターメリック 大さじ2/3
ミントの葉
赤たまねぎ
火をとめる直前
片手いっぱい
最後に
皿の上で
めしいっぱいに
散らす。
ターメリック油
めし 1合分
たまごを
炒めたら めしを加え
ささっと いためる。
ガラムマサラは
火を止めてから小さじ1/2加える。

●全体をミントの葉で覆うのは、実は僕のアイデア。インドではもしもこういう使い方をするならコリアンダーの葉を使う。香菜のこと。でも絶対僕は迷わずミントさ。それも飾りとしてじゃなくて、バリバリ食うための素材として……。

●食った感じを言葉にすればこんな感じだ……。素材はすべて同じくらいの大きさだから全体にふわあっと軽い感じなんだ。何も考えないでスプーンでたっぷりとって口に運ぶ。まず苦味だよ……。それから鼻にぬけるミントの香り。そしてときどきシャリッと歯ざわりとともに舌にしみる玉ねぎの甘み。水っぽさ……。まぁそれだけのことなのだが、苦味をおさえるために、ターメリックの量をもう少し控えてもいいかもしれない。甘味三様の背景として、飯にもっとしっかり塩味を与えておいた方がよかったかな。などなど、シンプルなレシピのはずが、難しいのである……。ケミストリーか……。

## [あつあつとろ〜りのパスタ]

# 夏といえば、茄子。白茄子でもピンク茄子でも何でもいいんだ、と料理人たちはいう。

●材料(2人分)
ペンネリガータ▼200g/米茄子▼1個(またはほかの茄子▼300g)/トマト(料理用またはフルーツトマト)▼種とりカット後250g/トマトピューレ▼100cc/モッツァレーラ▼1袋(125g)/バジル▼1枝/塩・胡椒▼適量(好みにより皿盛り後パルミジャーノ荒削り適量)

黒っぽい小さいやつでも、赤っぽくてながーいやつでも、ぽんぽこりんの米茄子でも……。油でとろとろになるまで、茄子を炒めるわけだが、茄子のとろ〜りなのか、油のとろ〜りなのかわからないというのでは情けない。カロリーも控えたい。そういうときは最初スポンジ状の茄子が油を吸いとるにまかせ、中火で炒め、やがて一度油を吸い込んだ茄子が、油を戻してくるタイミングがあるので、このときキッチンペーパーを丸めてフライパンに放り込み、ふきとってやる。紙を何枚も使って、油をとり除く。そうしておいて次の工程へ。

僕のレシピでは、最初に茄子のあく抜きをする。茄子の薄皮をきれいに剥きとり、指先大に切ったら、軽く塩をしてよく揉む。重しをして一五分。絞ると米茄子一個で五〇cc、たっぷりの水が絞れる。この処理を済ますと、スポンジ状の組織が、水のしみた、空気の抜けた組織に変わっているので、オリーブ油少量でしんなり炒め上げることができる。

イタリアの家庭料理の一つ。家によってつくり方が違う。だから料理人によっても違う。ある料理人は茄子のえぐさが大切で絶対にあく抜きはしないといいはるし。あくだけは抜かなければだめだ。ビール色のあくを絞ると、はじめて、さぁ、いくぞという気になるという料理人もいる。素材にしても、茄子が炒まったら、玉ねぎをにんにくと一緒にたっぷり入れて、透き通るまで火を入れる。そこにトマ

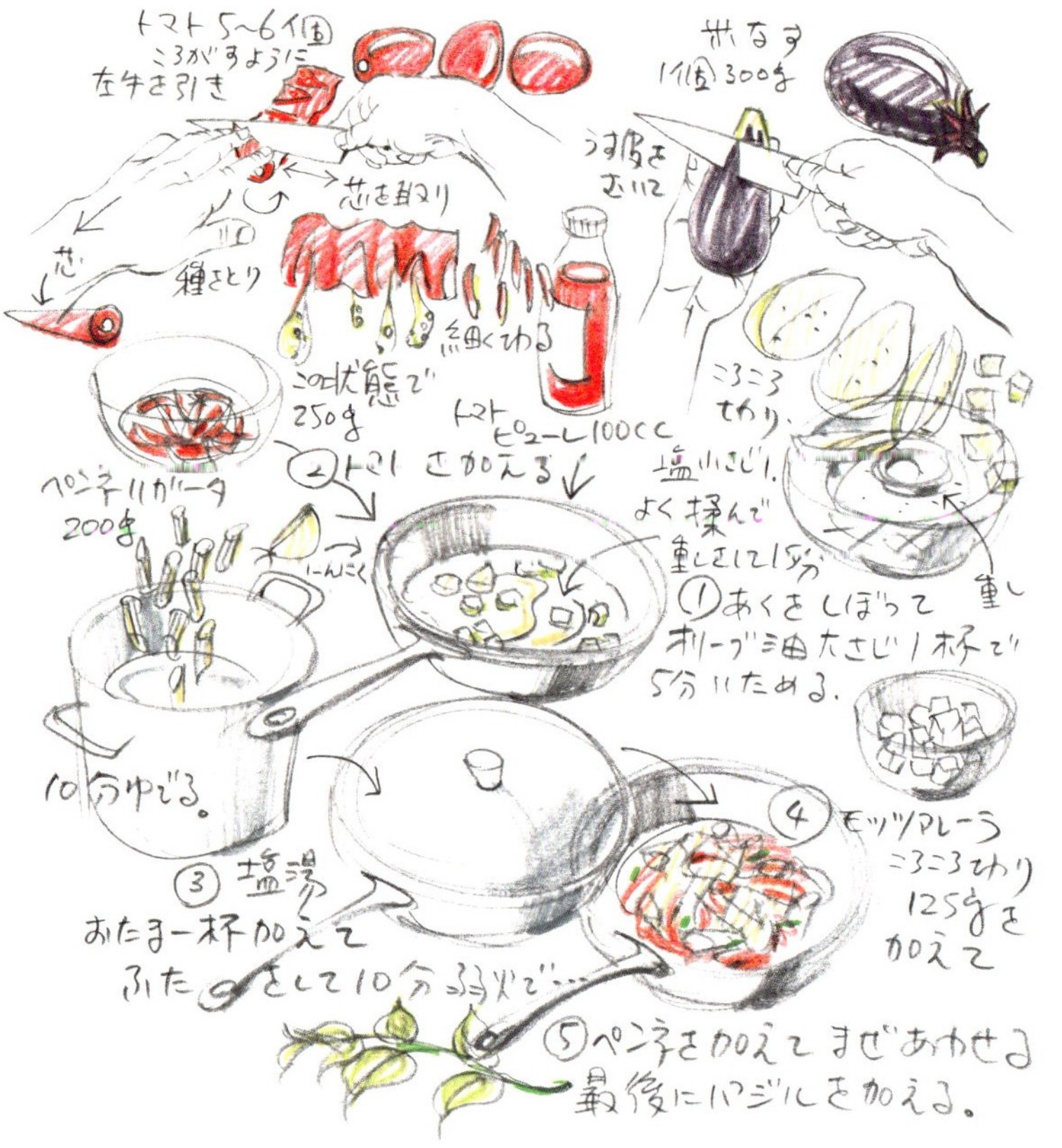

トマト5〜6個
ころがすように
左手で引き
芯を取り
芯
種をとり
細く切る
この状態で
250g
トマトピューレ100cc
米なす
1個300g
うす皮をむいて
ころころ切り
塩小さじ1
よく揉んで
重しをして15分
重し
①あくをしぼって
オリーブ油大さじ1杯で
5分いためる。
②トマトを加える
ペンネリガータ
200g
にんにく
10分ゆでる。
③塩湯
おたま一杯加えて
ふたをして10分弱火で…
④モッツアレーラ
ころころ切り
125gを
加えて
⑤ペンネを加えてまぜあわせる
最後にバジルを加える。


［注］……僕のはあくまでもさっぱり。仕上げに生クリームのダブルを加える……。なんてことはしないよ！

トを加えて弱火でしっかり煮詰めて……。そういう人もいれば、玉ねぎは入れない。にんにくはオリーブ油に香りを移す程度……。と、自分のつくり方を守って、ほかのつくり方をバカにする。まぁ、それはそうだ。日本だって関東と関西があるしね。

● で、今日の一皿は玉ねぎは使わない。にんにくも香りをもらう程度。茄子がしんなりしたらトマトを小指二節くらいの大きさで切り込んでおいたものをどかんと加え、パスタ湯をおたま一杯移して、蓋をして煮込む。ここでパスタ。ペンネリガータを塩湯に放り込み、茄子もあと一〇分。パスタも一〇分。一〇分たったら大忙し。フライパンの火を極小にして切り込んだモッツァレーラをぱらぱらと入れスパテラでゆっくり回す。とろけて糸を引くようになったらパスタを加え、さっとからめて終わり。テーブルにはあらかじめ声をかけておいて、あつあつを食べてもらおう！

［ペキンダック・サーニー］

# サーニーはサンドイッチの略！ 薄餅《パピオン》のかわりに、イギリスパンを蒸したのを使うからなのさ!!

●材料（4人分）
鴨胸肉皮付き▼180gくらいを1枚／ねぎ▼約20cm／塩・胡椒▼少々
［甘味噌］プラムソース（蔵王高原農園ハニープルーン・フルーツソース）▼大さじ4／醤油▼小さじ2／五香粉▼小さじ3分の1／チリパウダー▼小さじ3分の1
［薄餅のかわりに］食パン（紀ノ国屋イギリスパン）▼8枚切り1袋

子どもの頃からの疑問は、ペキンダックは皮以外のところはどこにいっちゃうかってこと。どこにもいかない。昔から皮を皮下の脂肪をつけて薄くへぎとったものが一皿。皮のない胸肉をそぎ切りにしたものが一皿。それから、しっかり火を入れるため、骨が抜け落ちてしまった脚の肉……それの一皿。そんな風にいくつも出てくるのが普通らしい。

「じいちゃんは脚のとこばかり。僕はもちろん皮のところ。妹のヤツはプラムソースだけ。パンケーキ（パオピン）に塗って食っていた……」。ロンドンの料理人が何かにそう書いていた。

そう、その甘味噌というのも、世界の中国人たちは先々でそれぞれ工夫しているみたいだ。日本ではよく八丁味噌に砂糖を加えて……と説明される。もともと甜麺醤は、小麦粉からつくる甘みの強いペースト状のもの。イギリスではプラムソースでいくらしい。

笑えるのが僕のレシピにある8枚切りのトーストパン。これを教えてくれたのは台湾生まれのQさんだ。Qさんは漢字で書いたら古い人はみんな知っているあのQさんだ。戦後の日本、世の中に投資とか、経済とか金儲けとか教えてくれた有名人だ。僕がまだ学生の頃、この人の軽井沢の別荘を設計していた先輩を手伝っていて、Qさんと何かと一緒だったときがあった。あんこに牛乳をかけて食べたり、肉だろうと野菜だろうと、トーストパンを焼かずに甘味噌を塗って挟んで食べたり

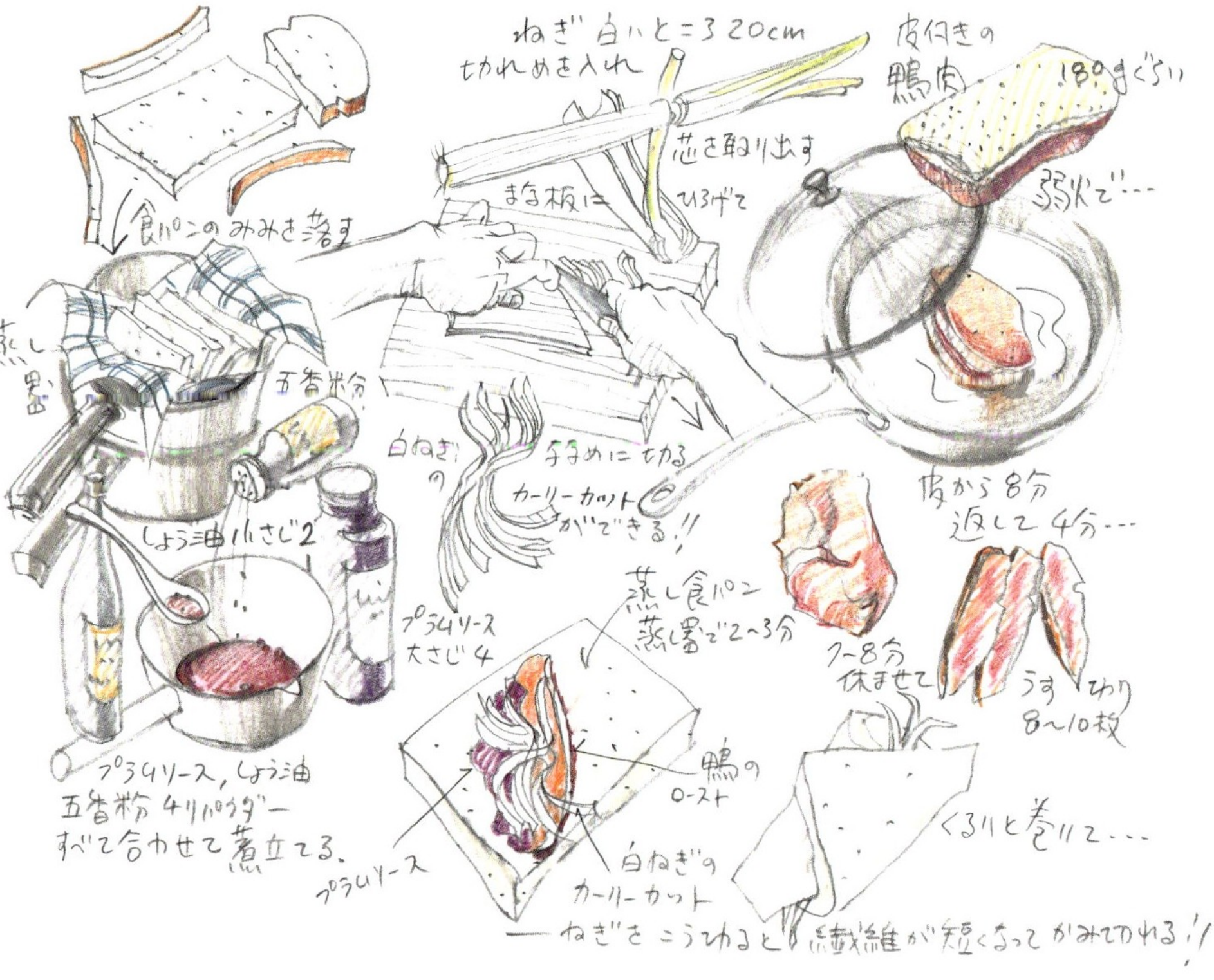


していた。「……パンをね、ちょっと蒸してやるといいんだよ……」。Qさんはそういっていた。

そういうことなんだね。外からかたちだけ見てないで、料理も本質を見失わなければ、かたちにこだわることなんてないんだよね。プラムソースだけ塗って食べてる女の子。クリスピーな脚のところを頬張っているじいちゃん。ターンテーブルを回して王様の一皿から、いちばんでかそうな鴨の皮を手にとる少年。その少年はのちに世界を飛び回る売れっ子料理人になったんだ。……いいものを見て、食って、大きくなったんだね。

［づんだ寿司］

# 東北の田舎の家庭の味を巻き寿司に。

●づんだ餅。宮城が中心……。「宮黄金」という品種の糯米《もちごめ》。よく搗いてなめらかに仕上げられた糯に枝豆からつくった餡、づんだを絡めて食す。……枝豆といっても大粒で緑色の濃い「緑光種」、あるいは「青ばた豆」と呼ばれるこの地方特産のもの。僕の田舎というほどのものではないが、ルーツの一つが福島県の中通りで、戦時中の戦火を逃れての疎開先の最後の地がそこだったものだから、いまでもはっきりその味を覚えている。

●福島県では「じんだ餅」。青ばたという豆の名も、そういえばそうだったような気がする。糯米は蒸して搗くのだが、これが半殺し。母がそういっていた。なめらかな餅というよりは「おはぎさん」のような舌触りのものだった。じんだはもちろん半殺し、枝豆を茹でて豆をとり出し薄皮をとり除く。すり鉢に入れ、すりこ木で搗く。「擂る」のではなく「搗く」。全体に滑らかにはせずに、豆のぶつぶつを若干残しつつ、砂糖と塩で味をつけて仕上げる。どちらかというと、甘いというより、塩味でその分、豆の味からくる甘みが伝わってくる。

●夏のある日、巻き寿司を「づんだ」でくるんでみたら旨かろうとふと思った。中味には、うなぎの蒲焼きを裂いて入れることにした。それに三つ葉を束にしてさっと湯通しして……。そういえば、「づんだ餅」は、八月のお盆、そして九月のお彼岸のご馳走。枝豆もいよいよこれからが本番というわけ……。

●材料（2人分）
米▼1合
［合わせ酢］酢▼大さじ1と2分の1／砂糖▼小さじ2分の1／塩▼小さじ2分の1
［づんだ］枝豆▼500g／砂糖▼小さじ1／塩▼小さじ2分の1
［具］うなぎ蒲焼き▼1本の2分の1／三つ葉▼数本

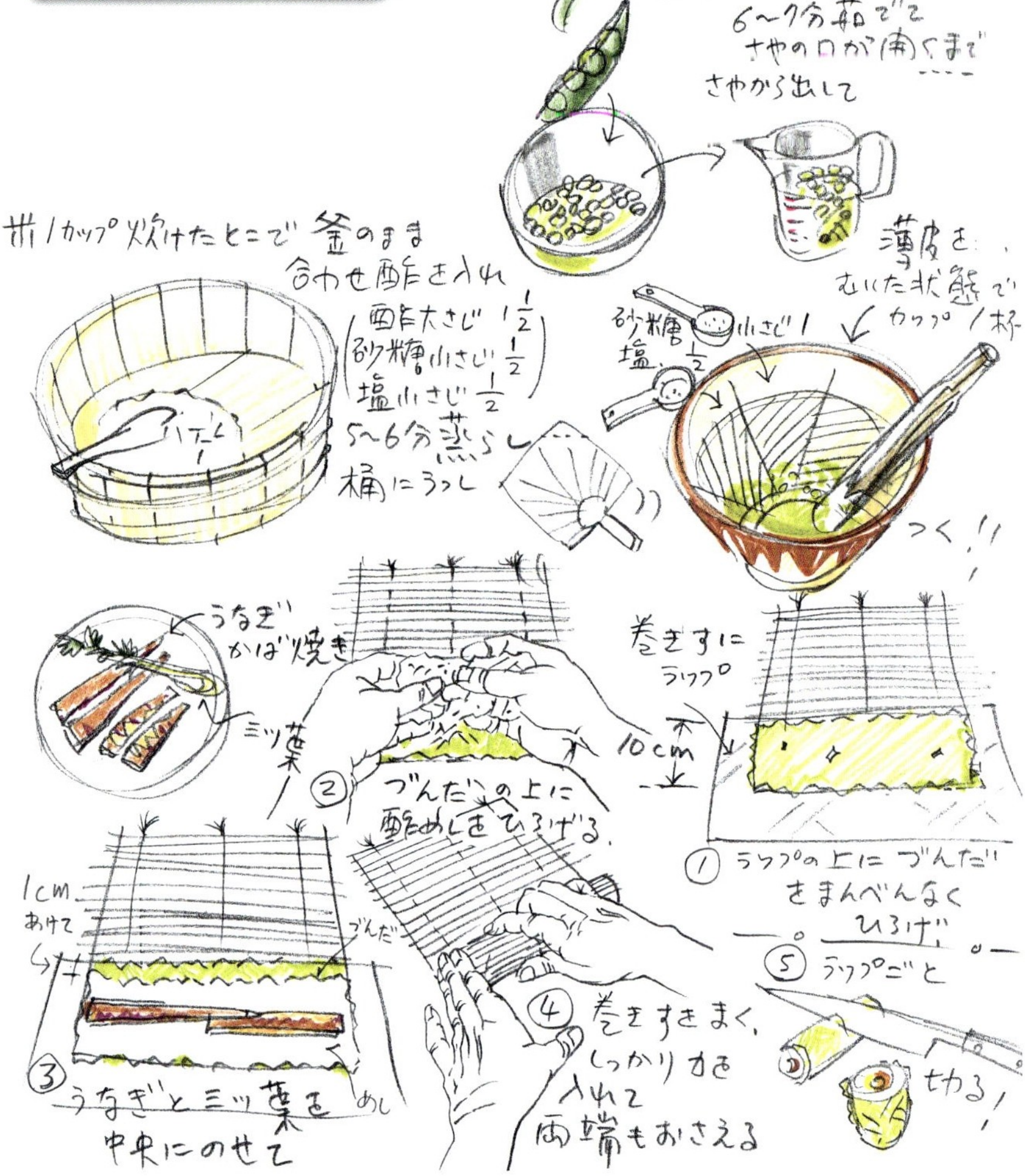
えだ豆2袋ー500g
6〜7分茹でて
さやの口が開くまで
さやから出して
薄皮もむいた状態で
カップ1杯
砂糖小さじ1
塩1/2
つく!!
米1カップ炊けたとこで釜のまま
合わせ酢を入れ
酢大さじ1/2
砂糖小さじ1/2
塩小さじ1/2
5〜6分蒸らし
桶にうつし
うなぎかば焼き
三ツ葉
巻きすにラップ
10cm
① ラップの上にずんだをまんべんなくひろげ
② ずんだの上に酢めしをひろげる
1cmあけて
ずんだ
めし
③ うなぎと三ツ葉を中央にのせて
④ 巻きすをまく、しっかり力を入れて両端もおさえる
⑤ ラップごと
切る!

## [ブルーベリーのパンケーキ]

# クリムゾン、狐色、琥珀色、純白……皿を何にするか迷うほど美しいぜ!

●材料(2人分)

[パンケーキ](6枚)粉▼120g/ベーキングパウダー▼小さじ1/塩▼1つまみ/卵▼1個/牛乳▼150cc/ブルーベリー▼パンケーキ1枚に8〜9粒

[トッピング]バナナ▼1本/ヨーグルト(ちょっと甘め)▼1カップ(120cc)▼メープルシロップ(切りくずすとき)

● 色だけじゃない、香りがすごいんだ。熱々のパンケーキにヨーグルトをかける。ヨーグルトの中に潰したバナナがたっぷり隠されているから、この皿の第一印象はバナナの香りさ。

● 切りくずしてからメープルシロップをかけるのがいい、その方が全体にシロップが染み渡るような気がする。口へ運ぶとしかし、味の印象はこのメープルシロップではない。酸っぱーい! ブルーベリーの味だ。久々に心地よく裏切られる経験ができるはずだ。

● パンケーキのバリエーションは数え切れない。果物をいれるバージョンではベリーの類以外にも、桃でも梨でもいちじくでも何でも入る。あれやこれやを一緒に入れてもいい。生地に適量混ぜ込んでやればいい。

● 今日のレシピの素晴らしいところは、……自分でいうのもおかしいと思いつつ、料理人から教わったことなので、ちゃんと紹介しておくが……、生地に素材を混ぜ込まずに、フライパンの上で素材を生地に散らすところだ。片面焼き上がったところでブルーベリーののった生地を、フライ返しを使ってひっくり返してやる。そこがすごい。返したときブルーベリーが直にフライパンに当たるから、熱で皮が破け果汁がわずかに流れ出る。糖分がキャラメリゼして、香ばしさが増す。はじめから生地に混ぜこんでしまうとそうはいかない。もちろん、果汁の色がクリムゾンなどという目を楽しませる効果だって、期待できない。何て素晴らしいこの発見! 何て素晴らしい、

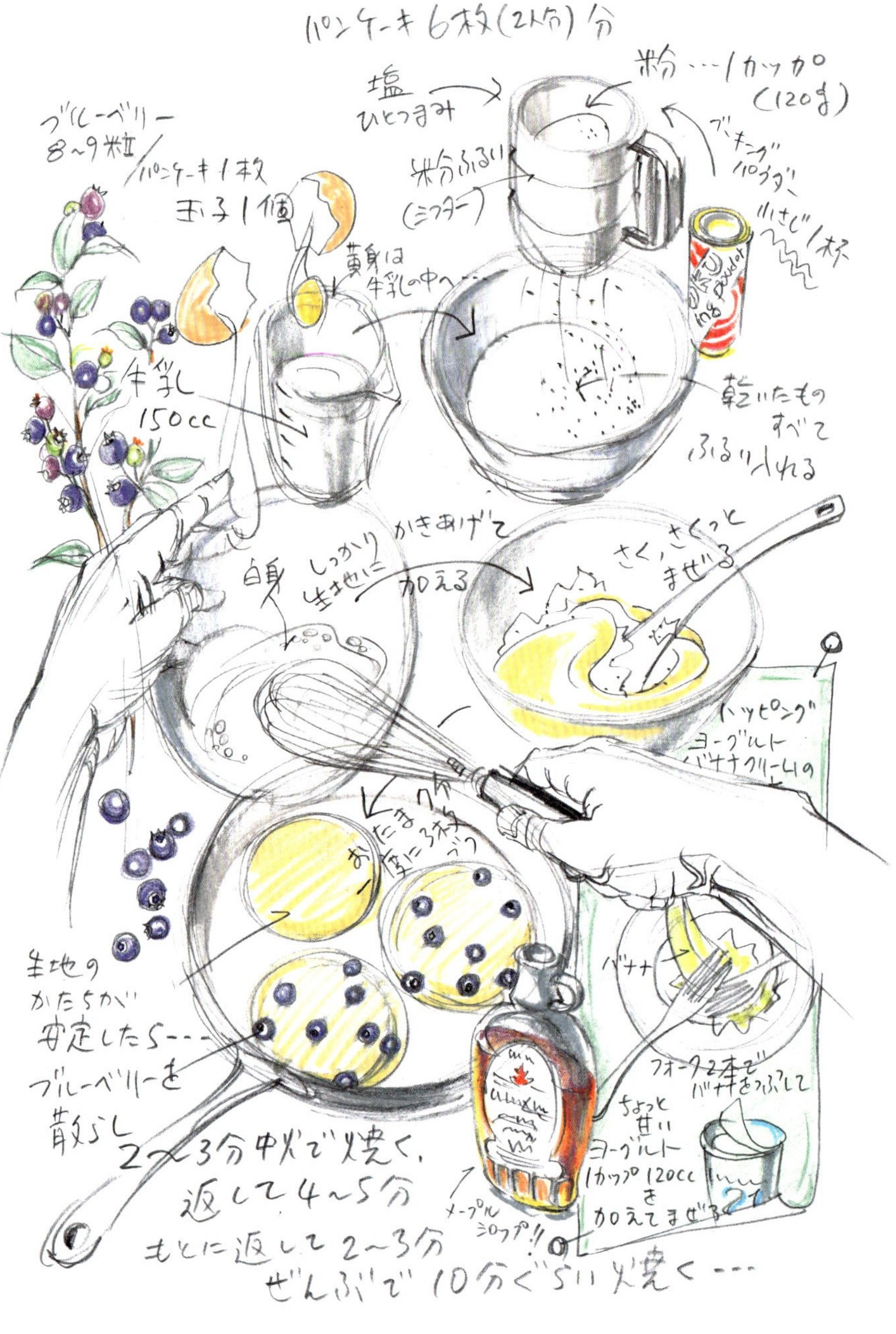
パンケーキ6枚(2人分)分
粉…1カップ (120g)
塩 ひとつまみ
粉ふるい (シフター)
ベーキングパウダー 小さじ1杯
ブルーベリー 8~9粒/パンケーキ1枚
玉子1個
黄身は牛乳の中へ…
牛乳 150cc
乾いたもの すべて ふるい入れる
白身 しっかり かきあげて 生地に 加える
さく、さくっと まぜる
トッピング ヨーグルト バナナクリームの
バナナ
フォーク2本で バナナをつぶして
ちょっと甘い ヨーグルト 1カップ 120cc を 加えてまぜる
メープルシロップ!!
おたま1杯 一度に3枚づつ
生地のかたちが 安定したら… ブルーベリーを 散らし
2~3分中火で焼く、
返して4~5分
もとに返して2~3分
ぜんぶで10分ぐらい焼く…

こうやって自分の手でこの感動を再現できるなんて！

● ヨーグルトなんだが、バナナを潰して混ぜ込んだやつ、これも素晴らしい。焼き上がりのパンケーキを何枚か重ねていくときに間に挟んでやると座りがよくなる。それにこの間に挟むときなんだと思う、バナナからさっと香りが立つ。最後に一番上にもこのヨーグルトバナナをのせてやる。こういうとき、生クリームを使うのが一般的だが、このパンケーキにはぜったいヨーグルトがいい。ヨーグルトの発酵味の酸っぱさと、フレッシュな果物の酸っぱさを舌がきき分けるとき、信じられないことが起こるのさ！

● 市販のホットケーキミックスを使うことに別に文句はない。しかし今日はどうしても最初から自分でやりたかった。何となくまじりっけなしの味の構成を試してみたかった。簡単さ、粉とベーキングパウダーと卵と牛乳があればね……。夏休み、時間はたっぷりあって、避暑地でのブランチってわけでもないが、そんなシーンでも思い出しながら……ね！

ハムとチーズと卵のガレット

アボカドと海老のコロッケ

三色漬丼

鯖のタルト

ポルチーニ茸のタリアテッレ

パスタ・ベイク

仔羊のロースト

三枚肉のとろとろ醤油煮

海老のフリット

スペアリブの腐乳焼

孫さんの炒り卵

# Autumn Recipes

## [秋のレシピ]

◉……酢と砂糖が同量、それにたっぷりの
三角薄切りレモンをからませて……、
想像しただけで口がちゅ〜〜〜っと、とんがってくる!
口に近づけると鼻がつーんとする。
口に入れると衣がパリッ、
中から熱々の水蒸気、プリプリの海老。

## ［ハムとチーズと卵のガレット］

# 三つとも揃っているからコンプリート、だよね……そう呼ばれるだけの組み合わせだ！

●材料

［ガレット生地］（6枚分）そば粉▼100g／塩▼1つまみ／水▼200cc／牛乳▼150cc／卵▼1個／溶かしバター▼大さじ1

［具］（6枚分）グリュイエール・ラペ（刻んだグリュイエール）▼150g／ボンレスハム（薄切り）▼6枚（100〜120g）／卵▼6個

● ハムとチーズだけだっていいし、卵とチーズだって、チーズだけだって立派な定番ガレットさ……でも、やっぱコンプリート。

● 蕎麦。無敵の健康食品。〈SOBA〉として世界に知られている。そば粉を使ってつくる料理、それは日本の蕎麦だけではない。フランス、ブルターニュのガレットもそうだ。そば粉については誤解も多い。繋ぎは……なんて聞かれることがある。そば粉ってやつはたっぷりの水で練ってみるとわかるけど、ねっとりとして手の指の間に膜が張るほど、それ自体ねばりがある。繋ぎなんて何もいらない。これを薄く平らに焼いてつくるのがガレット。

● そば粉一〇〇パーセントに卵と水と牛乳を加えて、全体が滑らかになるまで手で練り上げる。泥遊びみたいでけっこう楽しい。一晩寝かせといたものを、お玉でフライパンに移し、薄く焼き上げる。熱い鉄板と出会うとジューッ、プップッッと膨張する気泡の反発を受ける。このときできるレース編みのようなフリフリ感がガレットの命。ひっくり返して焼き色をつけたらもう一度もとに返して具をのせる。もとに返すのは具をのせてたたむからで、たたんだときおもてが見えるようにするため。

● 具は何でもありらしい。日常食ってそんなもんだが、今日のこのレシピ、ガレット・コンプリートはそんな中でもピカピカの一品だ。チーズはグリュイエール。フランス国内だとコンテ、もう一つはビューフォール。素

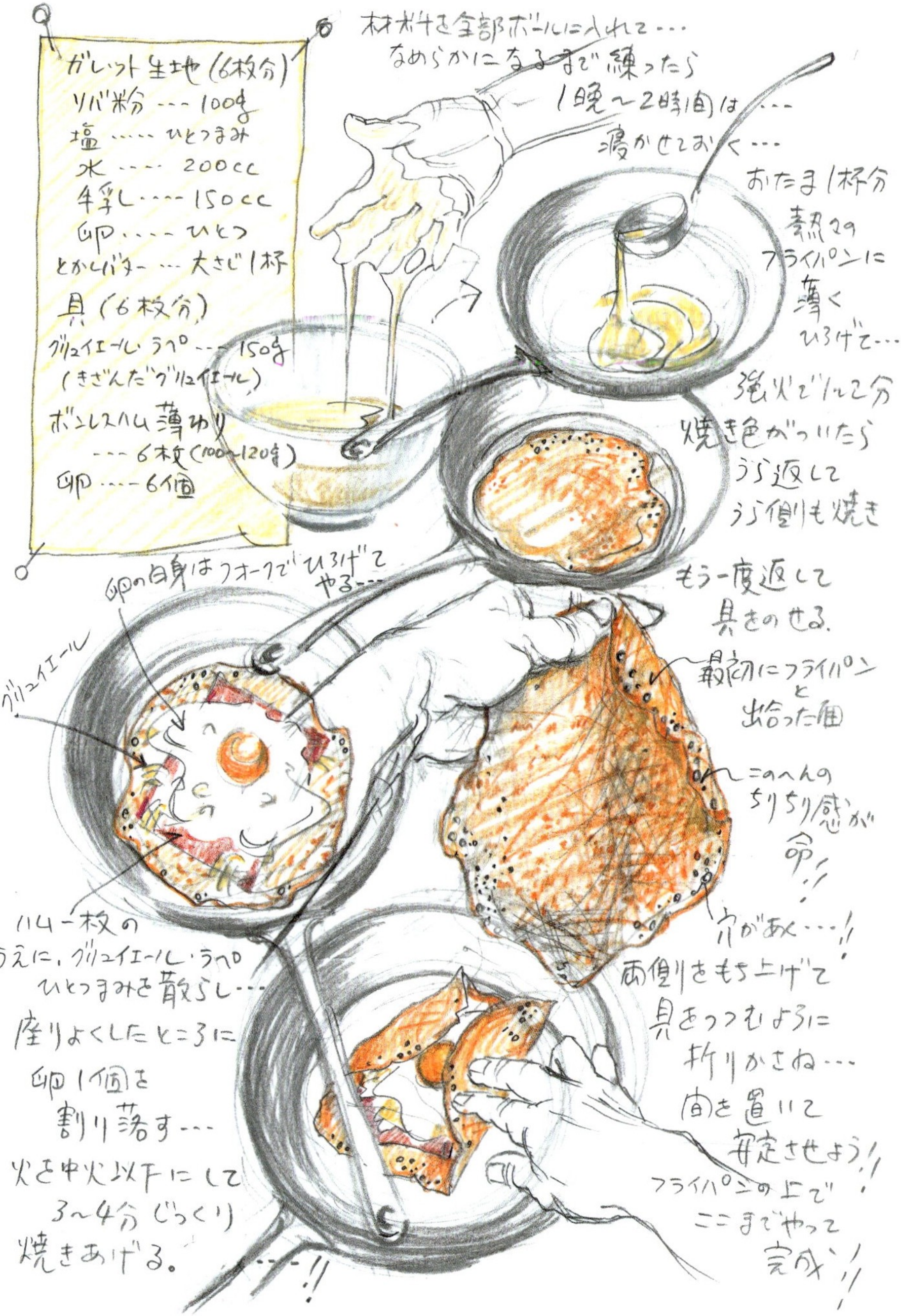

ガレット生地（6枚分）
ソバ粉…100g
塩……ひとつまみ
水……200cc
牛乳……150cc
卵……ひとつ
とかしバター…大さじ1杯
具（6枚分）
グリュイエール・ラペ…150g
（きざんだグリュイエール）
ボンレスハム薄切り
…6枚（100〜120g）
卵……6個
材料を全部ボールに入れて…
なめらかになるまで練ったら
1晩〜2時間は…
寝かせておく…
おたま1杯分
熱々のフライパンに
薄く
ひろげて…
強火で1〜2分
焼き色がついたら
うら返して
うら側も焼き
もう一度返して
具をのせる。
最初にフライパンと出会った面
このへんのちりちり感が命！！
穴があく…！！
卵の白身はフォークでひろげてやる…
グリュイエール
グリュイエール
ハム一枚のうえに、グリュイエール・ラペひとつまみを散らし…
座りよくしたところに
卵1個を
割り落す…
火を中火以下にして
3〜4分じっくり
焼きあげる。…！！
両側をもち上げて
具をつつむように
折りかさね…
向き置いて
安定させよう！！
フライパンの上で
ここまでやって
完成！！

材とつくり方は皆同じ。キッシュ、クロックムッシュ、それからオニオングラタンなど、皆これらのチーズを使う。僕はこのチーズがたまらなく好きだ。指についたりしたら鼻にこすりつけておきたいくらいだ。今日はグルイエール・ラペ。刻んであるから〈ラペ〉がつく。ハムは豚のもも肉のボンレスハム。間違ってもロースハムはなし、丸くても四角くてもいい、大きくて、薄くスライスされているもの。熟成された香り高いものがいい。それから卵。

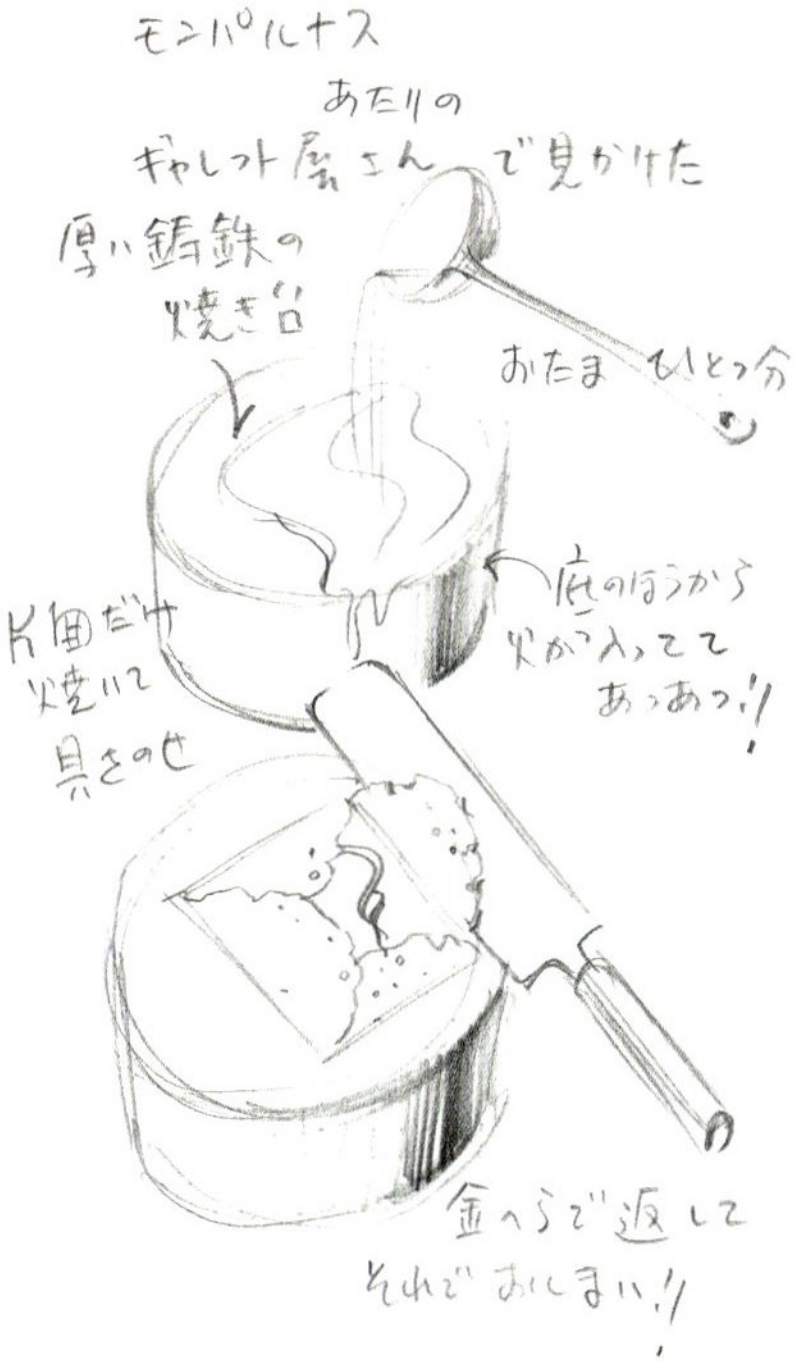

モンパルナス
あたりの
ギャレット屋さんで見かけた
厚い鋳鉄の焼き台
おたま ひとつ分
底のほうから火が入ってて あつあつ!!
片面だけ焼いて具をのせ
金べらで返して それでおしまい!!


黄身の色のきれいな新鮮なものがいい。

● 具をのせたら端の方を向こうとこっち、具を包むように折り返してちょっと押さえる。かたちを安定させて完成だ。具をのせてからが中火。最初のうちはガンガンいっちゃっていいんだ。香ばしさが何より大切……。

● みんなガレットのときはシードルだっていうけど、コンプリートにはつめたく冷した白ワインがいい。ロワールの河口近くのムスカデなんか、最高だ……。

## ［アボカドと海老のコロッケ］

# オランデーズは、ぜひつくれるようになっておいてほしい。ステーキに合わせてもいいし、何にでも合う。

●材料
［コロッケ］（18個分）じゃがいも（中）▼5個／大正海老▼8本／アボカド▼1個／塩・胡椒▼適量／小麦粉、卵、パン粉▼ころも用に
［ソース・オランデーズ］エシャロット▼1個／ワイン▼1カップ／卵黄▼3〜4個分／バター▼4分の1ポンド

● カナダを旅行していて出会った料理がある。紅鮭のポアレ、ソースオランデーズ・アボカドバリエーション！　真っ赤な鮭のほくほくの身が崩れ、黄緑のオランデーズが絡む……！　すぐにコロッケでやってみた。

● アボカドはポテトの方と一緒にして、黄緑色のポテトの中に割りほぐした紅鮭の身が見えるきつね色の衣、黄金色のオランデーズソーズ、たまらなく美しかった！

● しかし、いま一つ味がぱっとしない。あれだけ個性的なサーモンの味が、ポテトの中で「これ何の魚？」っていうほどぼやけてしまう。大正海老でやってみた……決まった！　ぷりぷりの海老の食感もよし、やさしいピンク色とアボカドグリーンのマッチングも完璧！　サクサク衣、香ばしいオランデーズの味！

● アボカドのピューレをポテトに混ぜると、べとべとになって扱いにくい。半分はコロコロ切りで合わせるとよい。普通のコロッケのように大きくにぎってはダメ。寿司一個分よりやや大きめといったところ。じゃがいも大三個、小なら五個、アボカド一個、大正海老中八本で、一八個は握れるのが、いつもの感じ！

● オランデーズは、ぜひぜひつくれるようになってほしい。ステーキに合わせてもいいし、オマール、ロブスター、アスパラガスの茹でたやつ、何にでも合う。小さなパイ皿に生ウニを並べ、オランデーズをきりきり張って、上火で焼いたのがレストラン〈キハチ〉の定番だよ！　ほうれん草を敷いて、生ガキ

じゃがいも 中5つ
皮ごとゆでる
ゆであがりに皮をむいてボールに入れつぶす
大正えび 8本
熱湯でゆでて殻をはずし
ころころ切りにする
アボカド 1個
ほそい方からナイフの刃さきを入れ
くるっとまわして一周したところでたねに刃をぐっと入れる
片方をこじり取り
最後に刃をこじるとたねがぽんっとはずれる!
皮をむいて(めんどくさいぞ!)
半分をフォーク2本でピューレにする
残り半分はころころ切りにする
じゃがいもとピューレを合わせて塩をふる。
ころころ切りのアボカドとえびを入れ
すし屋の気持でにぎっておく!
18個できるはず!
粉
たまご
パン粉
粉 たまご パン粉 の順にころもをつけ
高めの温度の油でいっきにあげる。
ソース オランデーズをそえて……

ソース オランデーズをつくるぞ！
エシャロットをひとつ みじん切り
ワイン1カップ(白)
ワインに加えて
加熱する 5~6分煮たら
エシャをこし取り
さらに加熱
1/4まで煮つめたら粗熱とり
3~4個
バター 1/4ポンド
卵黄を加え
とかしバター
湯せんにして
ボールの底を泡立て器で
こするようにかきまぜながら
ゆっくり加熱する
がついて泡立て器の線が
表面に残るようになったら ボールを湯からはずし
とかしバターを加えながら なおかきまわす！

**エシャロットの豆知識**

エシャロットとはユリ科、玉ねぎの変種。フランス料理には欠かせない、香味野菜の一つだ。ベルギーからの輸入品が多く、国産の生食用のらっきょうの品種、エシャロットとは別種なので要注意！

を並べ……等々、ほんとに何にでも合うよね！

● エシャロットを加え、にがにが白ワインをよくよく煮詰める。途中でエシャロットの細かいやつを、漉しとってまた煮詰めるんだけど、そのときに底の丸いステンレスボールに移すようにして漉しとると、湯煎のとき、あわ立て器とのマッチングがいい！ ステンレスボールを火にかけてさらに煮詰めるわけだから、火加減に注意。煮詰まったとき、番茶色になっていたらダメ！ 卵黄を加え、湯煎にしてポテリを出すのがこのソースづくりのヤマ場。一度失敗して、分離するまで火を入れすぎてみると、コツがわかるかも。

● パーティのフィンガーフードなら、写真のようにオランデーズを別の器に盛り、ディップして口に運んでもらうのがいい。あつあつを手でもち、ディップして一口、きつね色の衣の断面はアボカドグリーンとピンク！「わ〜、きれい！ 何これ！ おいし〜い!!」……そんな顔を見るのって、本当に楽しい!!「二度づけ禁止」なんて言葉が、必ず出る。

## ［三色漬丼］

# まぐろの赤にオクラの薄緑、山芋の白、だから名づけて、「三色漬丼」!!

●材料（2人分）
［まぐろの漬け］まぐろ赤身（柵）▼約150g／醤油▼大さじ1強
［オクラのとろろ］オクラ▼10〜15本／出汁▼大さじ3（塩味をつけて）
［山芋のとろろ］山芋▼200g／出汁▼大さじ4（塩味をつけて）
［酢飯］米▼1合／合わせ酢▼酢大さじ1強＋砂糖大さじ1弱＋塩小さじ1弱［ほかに］海苔▼2分の1枚／白ごま▼大さじ1弱

●まぐろの赤身にしっかり鉄味……釘をくわえたような、あの味がのってくるのがこれからだ。鉄味。この表現、はじめて聞いたのは、だれからだっただろう。こんないい方は料理人しかしないと思う。そうそう、釘をくわえたような、と書いたが、その人は包丁をくわえたような、といっていた。別のいい方をすれば、ヘモグロビン味。我々の口に古くから記憶されたあの赤身の味……。「漬《づ》け」とくれば醤油。この味は醸造味。食材の加工、保存の過程で人類は細菌との長い長いつき合いがあったんだと思い知らされる。ほっとする、安心感に満たされる味。酢もそう。生の赤身の緊張感を醤油と酢の醸造味で優しく包む。それがこの料理の基本。鉄火丼の味覚の構成だ。

●話はそれるが、僕の定番、鉄火丼では酢飯に生姜の三ミリころころ切り、大葉のシフォン、それに白ごまを混ぜる。そんな香り高い飯の上に、ちぎり海苔を敷いて、中落ちの漬けを並べ、ボウフ（蚌埠）の芽をたっぷりのせる。丼を手に持って、ボウフの芽をバリバリ噛み砕く音をたてながら早飯でいく。歯が生姜にあたれば生姜の香り、ごまにあたればごまの香り。こういった脇役の香り、歯ざわりを楽しみながら、ほんわかとした醸造味に包まれたまぐろの品定めをする。

●今日はちょっと気どって、二種のとろろがけ。オクラは湯がいて半分に切り、中の種をとって包丁で叩く。徹底的に叩いて、ボー

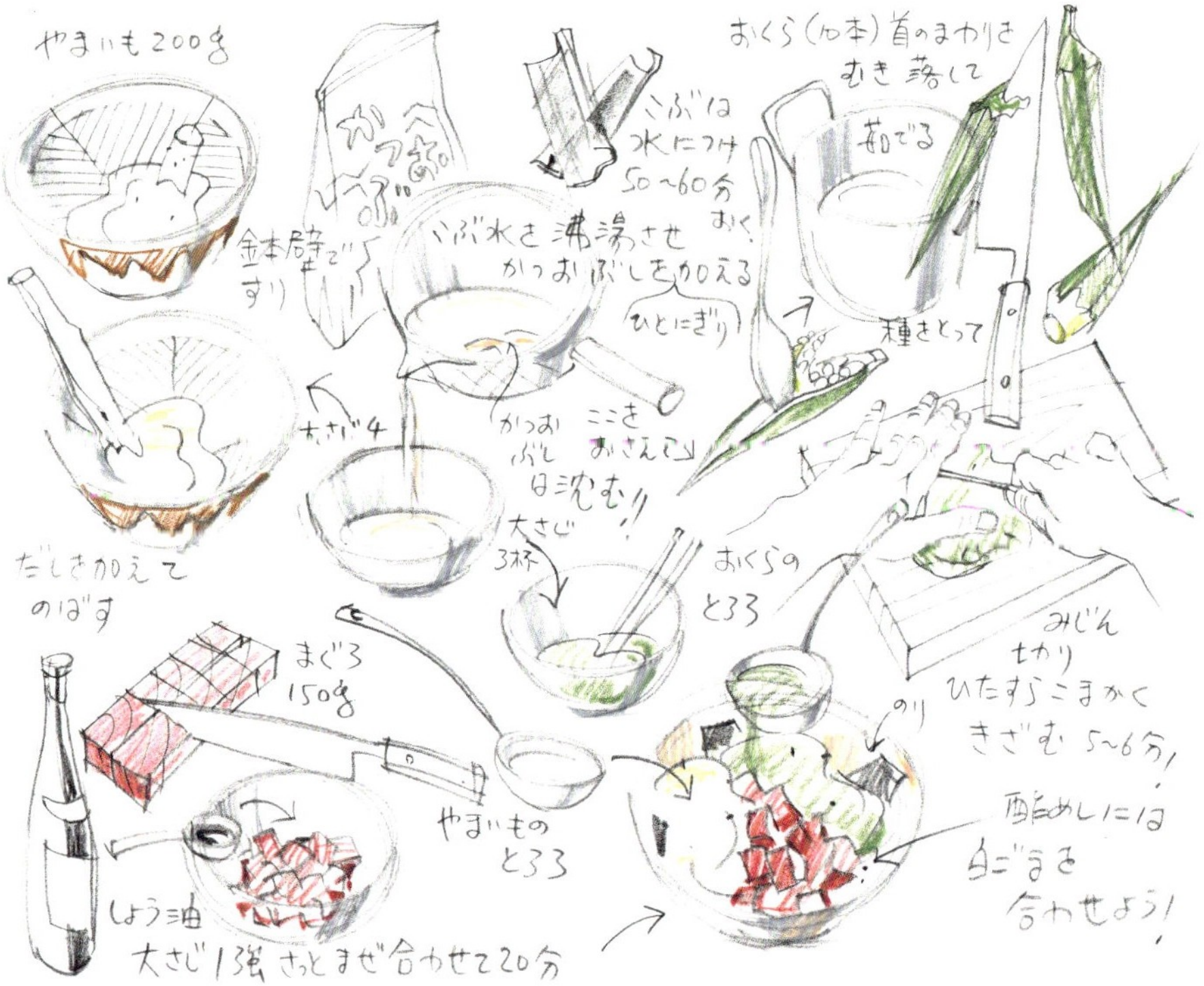


ルに受け、出汁を足して伸ばす。山芋はすり鉢ですり、擂粉木《すりこぎ》であたって出汁で伸ばす。酢飯はちょっと甘めにつくって、白ごまはあたり鉢で軽くあたってから、飯と合わせる。ちぎり海苔を置いて、漬けを盛ったら、両側から半々で白と薄緑のとろろをかける。漬けを全部覆わずに、顔を覗かせておくのが大切。

● オクラは盛夏、花の直後の未熟の実。凍る冬の大地に隠れた山芋。その名残とはしりの姿をようやく旨みの増したまぐろに配して、気どることはない、かき込もう！ 左手に丼、右手に箸。旨いから早飯。文句あるか!!

● まぐろの漬けだが、僕は漬け汁などはつくらない。質の良い、醤油があれば、醤油のみでいく。飯の炊ける間が時間の目安。わさびを加えてもいいが、すりかすがまぐろにからむのを嫌って、この段階ではわさびは加えない。最後に漬けの顔を出したところにポンと置いてやる。辛子でいくなら、漬けの段階で醤油に練り辛子を加える、これも旨い。刺身にはわさび、それだけじゃない！

［鯖のタルト］

# カリカリのパイ皮……それからキリキリに冷やした白ワイン……。

● 知り合いの料理人がこのパイの話をしてくれた。同時に話題に出たのがブルターニュの鯖の塩焼きの話題だったから、この料理もそのあたり。フランスの北の方のどこかの味が元になっているような気がする。パイ生地も、アルザスロレーヌ地方の有名なキッシュのものだし。……南フランスならブリオッシュ生地かピザの生地でいくだろう。

● 思い出しながら僕は迷わず、りんご酒（シードル）で鯖を蒸し煮にすることにした。蒸し終わって、鯖をとり出し、鍋のミルポア（一緒に蒸し煮にする野菜くず）を漉しとってから、その出汁にバターを加えてポテリをつけ、生クリームたっぷり濃いやつを加えて……。煮詰め、骨をはずし、身をほぐした鯖の身をクリームと合わせてさらに煮詰める。焼き上がりのパイ皿にこれを盛り込み、表面を平らにしたら、ここにトマトケチャップ!! これを三ミリくらいの厚さで全体に伸ばしていく。パン粉をぶっかけて、パン粉に焦げ色がつくまで焼く。

● ケチャップ。ハインツ（原産国オランダ）の味がいちばんシンプルで旨い。ほかのものは大なり小なりバーベキューソースっぽくてよくない。

● ぽんぽこりんに脂ののった鯖にりんご酒、生クリームにバター。そうくれば、北フランス。ミレーの描いたノルマンディーの海は明るく、穏やかだが、モネの描くブルターニュの海は暗く、荒々しい。それにしても今日の鯖は、どこの海で獲れたやつだろう……。

●材料（1枚分＝径22cm）
鯖▼中1本／セロリ、玉ねぎ、にんじん等の野菜くず▼適量／シードル、または白ワイン▼2カップ／バター▼20〜30g／生クリーム▼150cc／塩・胡椒▼少々／トマトケチャップ▼2分の1カップ／パン粉▼軽く1握り
［パイ生地］薄力粉▼200g／卵黄▼1個／水▼大さじ3／塩▼小さじ2分の1／バター▼80g

バター80g
卵黄1こ
薄力粉200g
塩小さじ1/2杯
粉の中心にクレーターをつくる
水大さじ3杯
粉の中心から指で卵黄をときまぜたら
クレーターのなかにバターを加えまぜる。
スクレーパーを使ってさらにまぜ合わせ
手のひらでおしつぶすように練り合わせる 1〜2分
ラップにくるんで冷蔵庫30分かたくする……
のし棒で巾=30センチにのばし
パイ型に落す
縁を切りおとし
さらに指で縁をつまむ。
たまねぎ
さば1本
セロリ
にんじん
シードルカップ2杯
5〜6分ゆでて身を取り出し
フレークにする
アルミ粒
ホイル
内側をホイルでおおい
重しを入れる
220度の天火で15分
重しとホイルを取り除いて190°でさらに5分焼く。
出し汁は1/2量まで煮つめ
バターを加え、
さばの全量を加える。
生クリーム、塩こしょう。汁気がなくなるまで煮つめ
生クリーム
トマトケチャップ
下焼きしたパイ中に移し
パン粉をふりかけて……200°のオーブンで30分焼きあげる。

## ［ポルチーニ茸のタリアテッレ］

# 定食屋《トラットリア》さんのマンマの味は、意外とさっぱり……。

●材料（2人分）
ポルチーニ（乾燥）▼20g／シャンピニオン▼大8個／にんにく▼1片／オリーブ油▼大さじ1／バター▼10g（大さじ1の小麦粉と練り合わせたもの）／生クリーム▼大さじ2／パルミジャーノ（粉末）▼大さじ4／タリアテッレ▼160g（まとめて乾燥したもの8個）／塩▼大さじ2（パスタ湯に加える）

●ポルチーニ、シャンピニオンでもしいたけでも、とにかく、きのこは油と馴染みがいい。オリーブ油をフライパンにたらし、潰したにんにくを一片、温度が上がったらポルチーニを入れる。ポルチーニが油に馴染み、白いところが焼き色になったら、にんにくをとり出し、茹で上がったパスタを入れる。塩湯を加えて味をみて、あつあつにしたところで、火を止めてパルミジャーノを細かく粉にしたものを振り込み、フライパンをゆすりながら、練るように混ぜる……。にんにくはとり出してしまうのがいい。それに最後のところでクリーミーな仕上がりになるほどのパルミジャーノは多すぎる。ほどほどにしといて、生クリームを加える方がいい。

●そこで僕のレシピ。まず、乾燥ポルチーニ、ぬるま湯でヒタヒタに漬けてもどす。一〇分ほど。「生ポルチーニがないときは、乾燥ポルチーニに加えて生のシャンピニオンをたっぷり入れるといいよ」とは、あるシェフの話……。

●にんにくを一片、薄皮もとらずに潰したものをフライパンのオリーブ油に加えて加熱、そこにまずシャンピニオンからいく。よくよく色づいてきたら、もどしたポルチーニを加える。にんにくをとり出し、パスタ湯、生クリームを加えて、ブールテ（バターを一つまみ、粉の入ったボールの中で指でもみ合わせたもの）を放り込んで溶かし、とろ〜りとさせる。そこに茹でたてのタリアテッレを加えて火を止め、

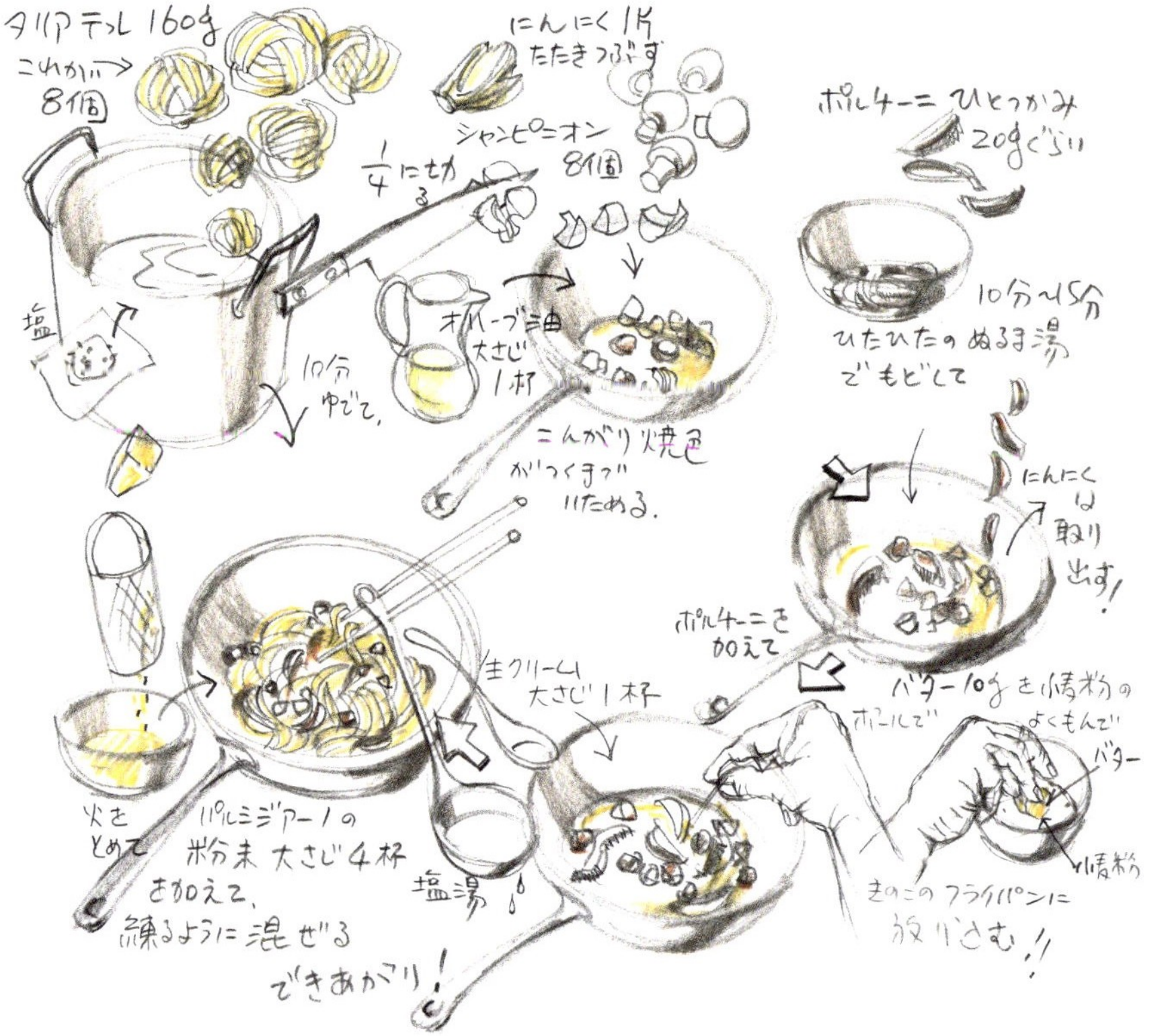
タリアテッレ 160g
これが8個
にんにく1片
たたきつぶす
シャンピニオン8個
1/4に切る
ポルチーニ ひとつかみ
20gぐらい
塩
10分ゆでて、
オリーブ油大さじ1杯
こんがり焼色がつくまでいためる。
10分〜15分
ひたひたのぬるま湯でもどして
にんにくは取り出す！
ポルチーニを加えて
生クリーム大さじ1杯
バター10gと小麦粉のよくもんだ
バター
小麦粉
塩湯
火をとめて
パルミジアーノの粉末大さじ4杯を加えて、練るように混ぜる
できあがり！
きのこのフライパンに放りこむ！！

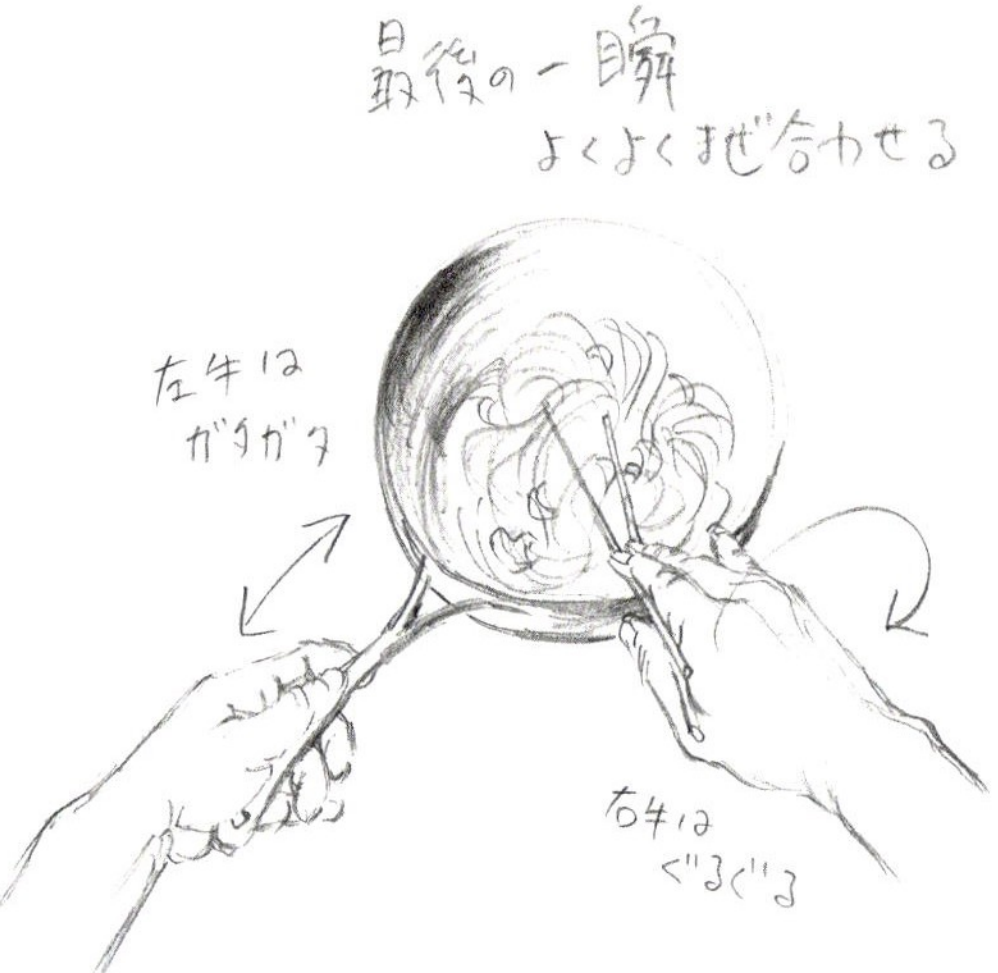
最後の一瞬
よくよくまぜ合わせる
左手はガタガタ
右手はぐるぐる

パルミジャーノの粉末をそこそこ量加えて混ぜ合わせる。

● ポルチーニにこだわらず、生しいたけでいくのもいい。森の香りの強い原木栽培ものが手に入れば最高！

## ［パスタ・ベイク］

# 古いイタリア料理本にレシピがあったんだそうだ。でもこれ、イギリス人のいう話なもんで……。

●材料（2人分）
スパゲッティ▼160g／鶏もも肉▼250g／しいたけ▼5〜6個／にんにく▼1片／パルミジャーノ・レッジャーノ（パン上で混ぜ合わせる分＋ベーク皿でふりかける分＋テーブルに出す前に散らす分）▼計100g／生クリーム▼100cc／バジル生葉▼1枝／白ワイン▼100cc／塩・胡椒・オリーブ油／適量

●パスタ・ベイク……ってありなんだって。つくってみると、これが実に旨い。クリームとパルミジャーノ・レッジャーノでこってりしたやつを焼き上げるので、仕上がりはスパゲティが絡まって、くっつきまくっているから、食べるときにナイフが必要だ。ナイフとフォークでスパゲティ。これが、また何ともイギリス風で……あ、いや……。ごめん、ごめん。正式なイタリア料理だったんだよね……。

●材料はスパゲッティのほかにポルチーニと鶏のもも肉。これは親子どんぶり用のころころ肉がいい。それから、生クリームとパルミジャーノ・レッジャーノ、白ワインとにんにくと生のバジルの葉。まぁ、そんなところ。ポルチーニなんて滅多に手に入らないから僕はしいたけを使う。原木栽培と記されているものを選ぼう。強い森の香りが特徴だ。

●まず、湯が沸くまでが下ごしらえ。湯が沸いてスパゲッティを放り込んだら、七〜八分の茹で上がりまでの間が勝負……。深めのフライパンにオリーブ油を入れて、まず、しいたけからいく。一、二分で焼き色がついたら、にんにくと鶏肉、さっと火を通したら、白ワイン。煮とばし気味のところにころに生クリーム、ぐつぐつ煮詰めようというところでスパゲティが茹で上がる。スパゲティをフライパンに移し、さっと絡めたら、ここで塩味を整え、胡椒をする。水っぽくなるのを避け、塩湯は持ち込まない。味を調えたら、パルミジャーノ・レッジャーノの粉をふり込む。三回くら

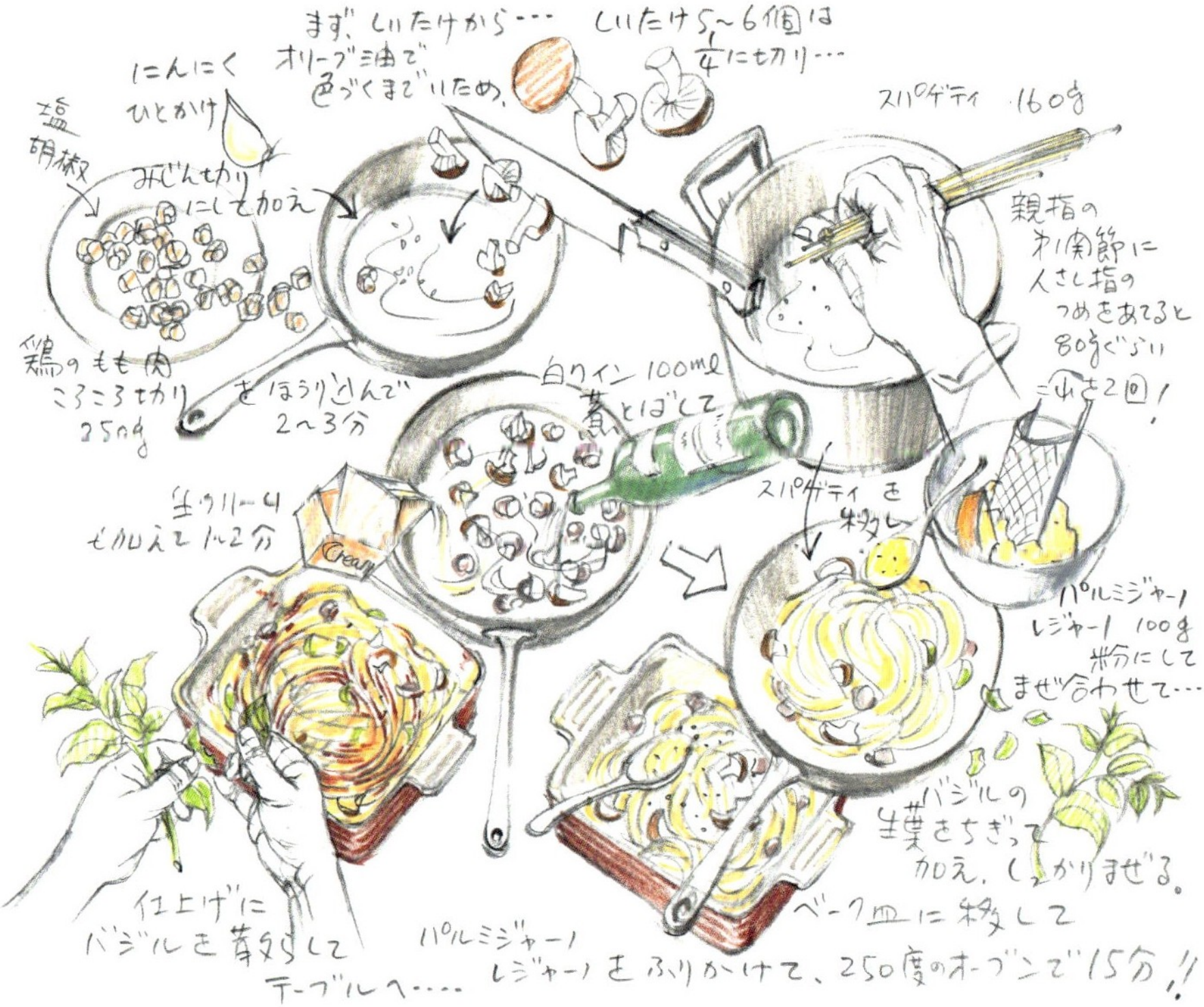
まず、しいたけから・・・
しいたけ5〜6個は1/4に切り・・・
にんにくひとかけ
オリーブ油で色づくまでいため、
塩胡椒
みじん切りにして加え
スパゲティ 160g
親指の第1関節に人さし指のつめをあてると80gぐらい
二山を2回！
鶏のもも肉ころころ切り250g
をほうりこんで2〜3分
白ワイン100ml 煮とばして
生クリームを加えて1〜2分
スパゲティを移し
パルミジャーノレジャーノ100g 粉にしてまぜ合わせて・・・
バジルの葉をちぎって加え、しっかりまぜる。
ベーク皿に移して
仕上げにバジルを散らしてテーブルへ・・・
パルミジャーノレジャーノをふりかけて、250度のオーブンで15分!!

いに分けて、パンを返しながら全体に混ぜ込む。

● さぁ、あと一歩だ。全体がクリーミーにまとまったらバジルの葉を手でちぎって放り込み、さっと混ぜ合わせる……。ここでフライパンをゆする。ゆすって材料が底を切って、滑っているのを確かめる。軽く滑るように動いていたら、百点だ。次の工程で僕はベーク皿に全部移して、パルミジャーノ・レッジャーノをふりかけ、二五〇度のコンベクションオーブンで一五分ほど焼いて完成させたけど、オーブンを使わなくてもできる。そのまま静かに中火で焼きこんでやればいいんだ。フライパンからピキピキッと音がしたら、全体を返す。これを二、三回。そんな感じで仕上げる。

● いずれにしても、焼き上がりは荒削りのパルミジャーノ・レッジャーノと、新しく手でちぎったバジルの葉で飾ってやろう……。スプーンとフォークじゃないぜ。ナイフとフォークだぜ！

## 【仔羊のロースト】

# 「プロヴァンスの香り」を感じる 素朴で自然のありがたい味にあふれているような……。

●材料（5人分）
仔羊の肩肉▼骨8本のかたまり／にんにく▼1片／パセリ、パン粉、ムタールディジョン、塩・胡椒▼適量

● 仔羊の肩肉を買うときは、ミートショップでこういうといい。「仔羊の骨八本ついてるかたまり肉ありますか？」 骨が八本かたまりから外に出てキレイに並んでいる。境目を一直線にカットし、ロウ紙でピッタリと包装され、空気が入らないようにピッタリとラップされている。脂身のすぐ下に肩甲骨のはじっこがあるから、これをはがしとって……。

● かたまりのまま、塩・胡椒をし、ムタールディジョンを接着剤にして、パン粉ににんにくとパセリのみじん切りを混ぜ合わせたもの……僕は「みどりパン粉」と呼んでいる……をまぶす。肉料理の鉄則は、冷蔵庫から肉を出し、中まで室温になるまで置いておくこと。オーブンは予熱しておくべし！

● 肉をオーブンに入れたら約二〇分。火の通りの確認のため、指で押してみる。はじめに生肉のとき押して、そのクニュクニュした感触を覚えておく。ゴムのようにしっかりとした反発が返ってくるようなら、でき上がり。

● もう一つの肉料理の鉄則は、調理後にそのままの姿で休ませること。七、八分は休ませないと切り分けて盛りつけた皿の上に赤い肉汁が流れることになる。これでは台なし！

● 骨一本ずつに切り分けたものしか手に入らなかったら、両面に塩・胡椒をして粉を薄く打ったあとにムタール、「みどりパン粉」をまぶし、両面を油で揚げるといい。粉の打ち方が厚めだとトンカツになっちゃうから注意。パーティのフィンガーフードには、これもお

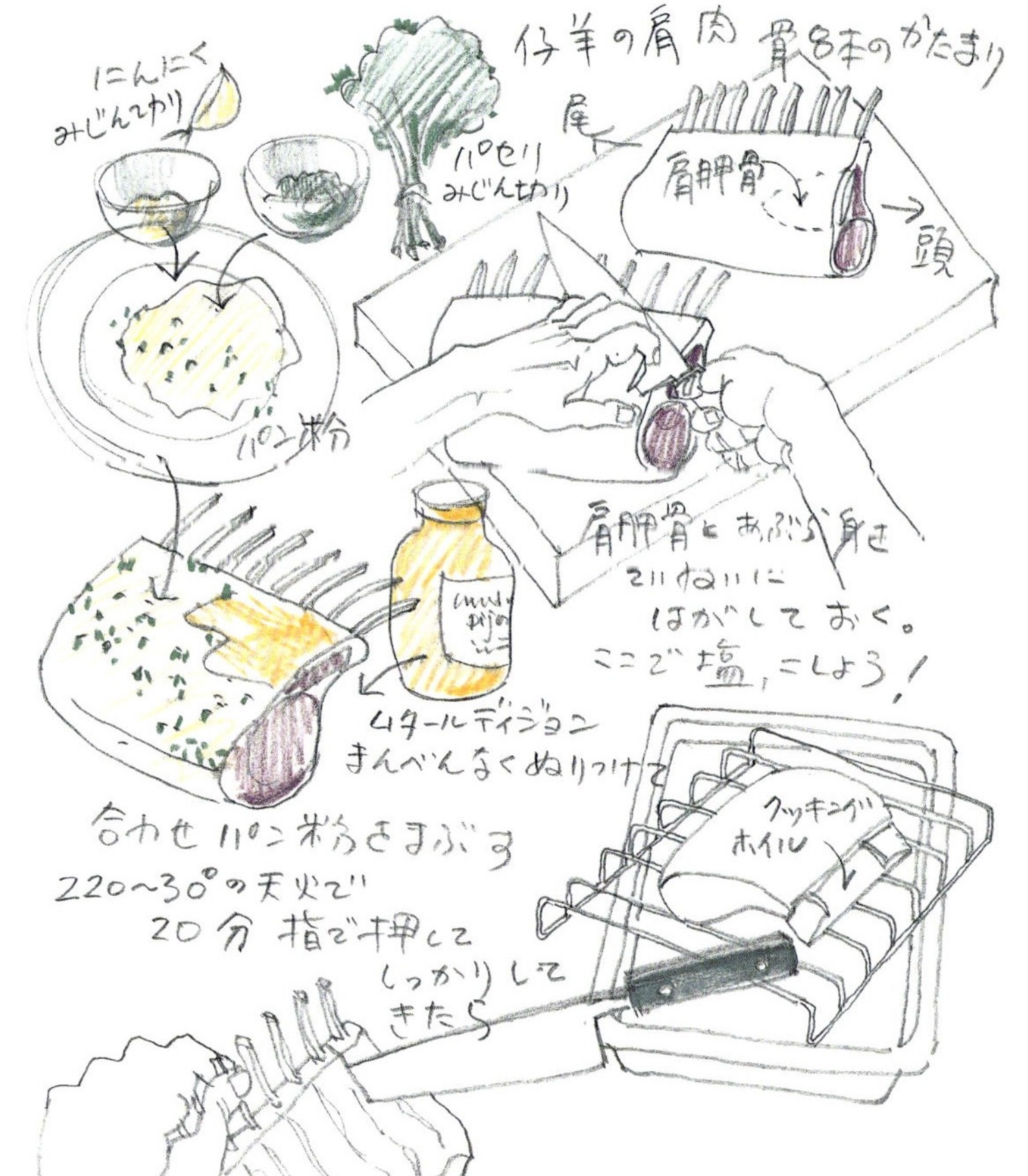
仔羊の肩肉 骨8本のかたまり
にんにく みじん切り
パセリ みじん切り
尾
肩胛骨
頭
パン粉
肩胛骨とあぶら身を ていねいに はがしておく。 ここで塩、こしょう！
ムタールディジョン まんべんなくぬりつけて
クッキングホイル
合わせパン粉をまぶす
220〜30°の天火で 20分 指で押して しっかりして きたら
内側を上にして。
天火から出して 7〜8分休ませる！
骨にそって切り分ける
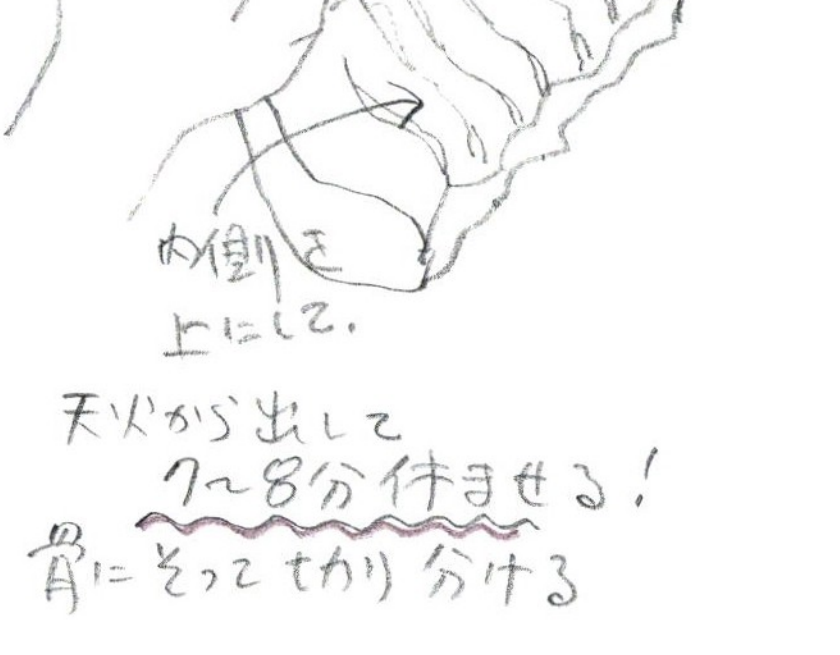

薦め！　かたまりで焼いて切り分けると、必ず端っこの方が食べたいという人がいるけど、これだと全部が端っこバージョンだ！

●「みどりパン粉」を知ってると色々便利だ。鶏のもも肉、胸肉等、丸焼きならもっといいけど、皮と身の間にこのパン粉を入れると、焼き上がりが緑色になって、いかにも旨そう。いわしなど魚のみどりパン粉焼きなどなど、みんなプロヴァンスだ。

## 【三枚肉のとろとろ醤油煮】

# チンゲン菜をたっぷり、一緒に食べ合わせると、こってりとサッパリ。飯によく合う。

●材料
豚三枚肉のかたまり▼1kg／紹興酒▼1本／醤油▼1合／にんにく▼1～2片／八角▼1個

● 二時間半～三時間、弱火でしっかり煮上げたもの。鍋の表面に透明な脂の層が形成されるから、肉に残っている脂は、脂というよりはコラーゲン！

● 醤油と紹興酒半々、といわれるけど、紹興酒は飛んでいくし、醤油は残るわけだから、肉一キロに紹興酒一瓶入れても、醤油はその半分も入れない。にんにく一片と八角を一つ入れ、あとはひたすら時間をかけて弱火で煮る（二～三時間）。途中、煮詰まってきたら、水を足したり、肉のかたまりをひっくり返したり、面倒を見る。圧力釜なら一二～三分だと思う。一〇分ほど休ませて蓋をとればでき上がり。この場合、醤油と紹興酒同量でひたひたでいいのかもね！

● 肉のかたまりを観察していると、まずはじめに縮んでいって厚くなって、やたらと硬くなる感じがする。二時間ぐらいで、大きさは縮んだままで肉質が柔らかくなってくる。二時間半くらいで、もういいんじゃないかと思いつつ、三時間がんばると、もうこれ以上続けたら崩れちゃうんじゃないか、という気がしてくる。そこまでいったらていねいにまな板の上にとり出す。あつあつの肉の上に布巾を置いてやけどしないようにして、布巾をずらしながら食べやすい厚みに切り分ける。大きなまま、九ミリぐらの厚さに切ってもいいし、厚いところと薄いところを切り分けてから、それぞれのブロックを何枚かに切ってもいい。

●肉を煮た鍋に残った煮汁。一日置いて表面に白くかたまった脂層に穴をあける。一二時のところと六時のところ。鍋をかたむけて下の穴から汁をとり出し脂は鍋に残し捨てる。

この肉汁が何にでも使える。飯にぶっかけて醤油ご飯。つけ麺のたれ……。残しておけば、これにつぎたしてまた肉を煮る……。

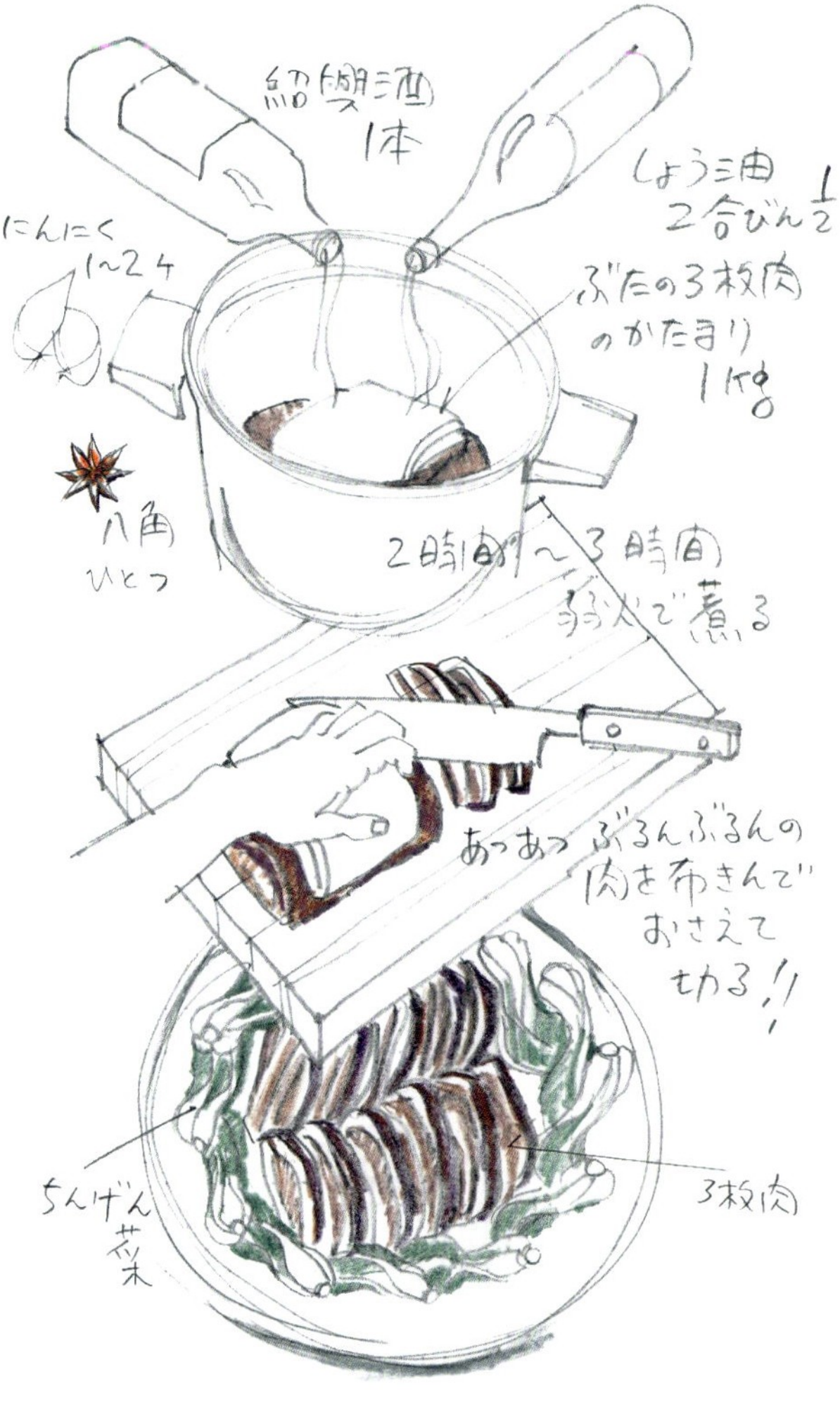

紹興酒
1本
しょう油
2合びん 1/2
にんにく
1〜2ヶ
ぶたの3枚肉
のかたまり
1kg
八角
ひとつ
2時間〜3時間
弱火で煮る
あつあつぶるんぶるんの
肉を布きんで
おさえて
切る!!
ちんげん菜
3枚肉

［海老のフリット］

# まだまだ暑い初秋の頃になると この料理をつくる。

● この「海老のフリット」と「三枚肉のとろとろ醤油煮」そして「スペアリブの腐乳焼」は、僕が神戸の三ノ宮で出会った料理人、林光さんの定番だったもの。林光さんはあの某大型店の海鮮料理をあみ出した料理人として知る人ぞ知る天才だ。御自身は友好食堂という小さな食堂をやっていた人で、某大型店の経営者たちがおしのびで食べに来ていたのをのぞけば、ごくごく普通の人たちに普通の材料で、旨いもの、体にいいもの、をこつこつとつくり続けていた人だ。

● まだまだ暑い初秋の頃になるとこの料理をつくる。酢と砂糖が同量、それにたっぷりの三角薄切りレモンをからませて……、想像しただけで口がちゅ〜〜〜っと、とんがってくる！　口に近づけると鼻がつーんとする。口に入れると衣がパリッ、中から熱々の水蒸気、プリプリの海老。甘酸っぱさが口に広がる。

● コツは、しっかりとしたころもをつくること。天ぷらになってはいけない。薄力粉に卵黄を落とし、水を加えて泡立て器でガシガシっとかき回す。ガシガシガシっとしっかりかいたら、サラダ油をとろーりと、これもしっかり加える。申し訳程度に大さじ一杯などといわずに二、三杯加えて、またガシガシっとかき混ぜる。粉をふった海老を入れると、ぽってりとまとわりついて、それでいてたらたらと流れ落ちるそんな感じの柔らかさ。このとき海老のしっぽにはころもをつけないように指で押さえて離さないこと。

●材料

大正海老（中くらい）▼30尾程度／塩、酒、砂糖、ごま油、卵白▼各少々

［ころも］薄力粉／水／サラダ油▼大さじ2〜3

［ソース］酢と砂糖▼同量（各両手のひらにいっぱい）／水溶き片栗粉／レモン三角薄切り▼両手のひらにいっぱい

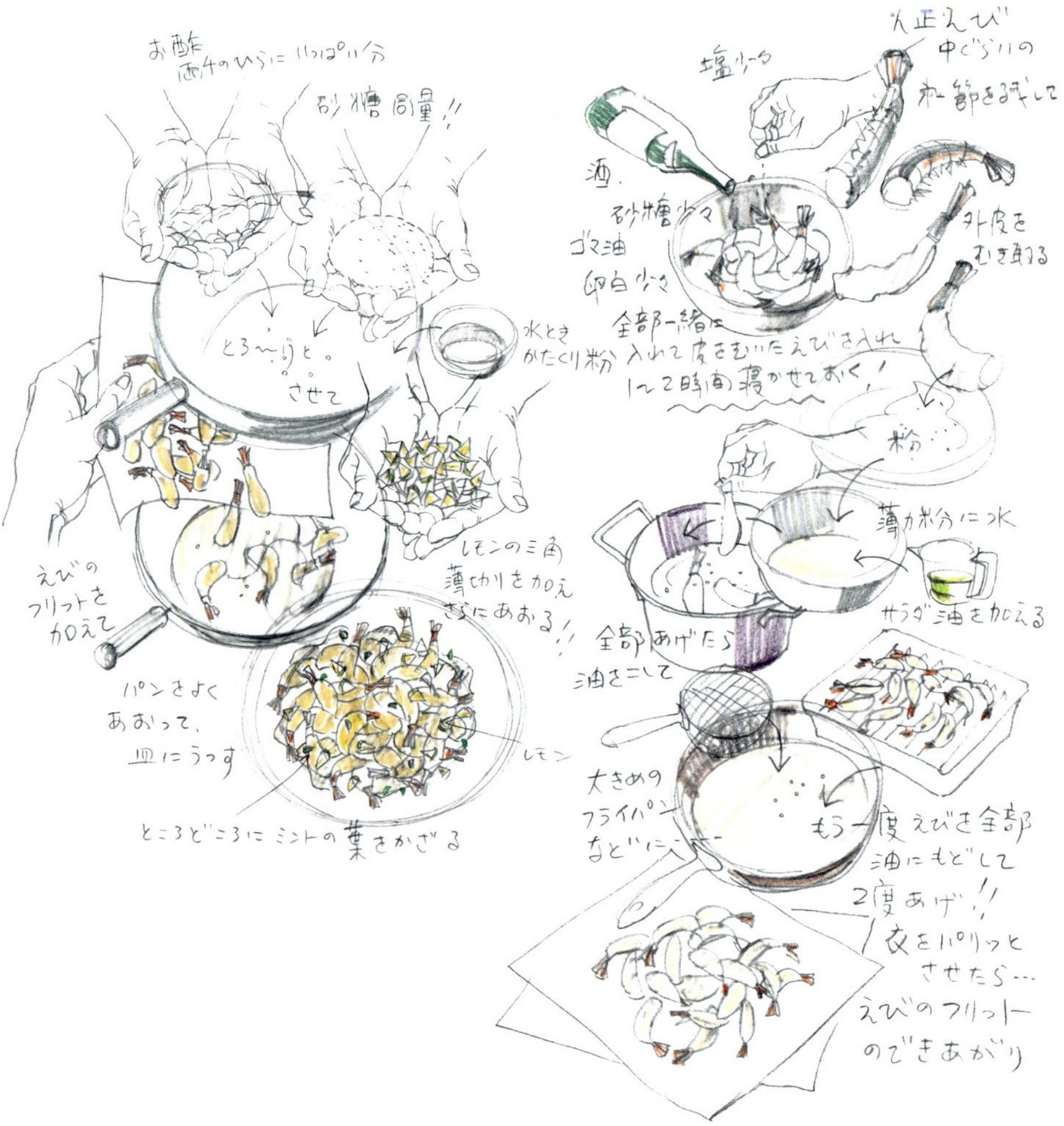

大正えび
塩少々
酒
砂糖少々
ゴマ油
卵白少々
外皮をむき取る
全部一緒に入れて皮をむいたえびを入れ
1〜2時間寝かせておく！
粉…
薄力粉に水
サラダ油を加える
全部あげたら
油をこして
大きめの
フライパン
などに
もう一度えびを全部
油にもどして
2度あげ!!
衣をパリッと
させたら…
えびのフリット
のできあがり
お酢
両手のひらにいっぱい分
砂糖同量!!
とろ〜りと
させて
水とき
かたくり粉
レモンの三角
薄切りを加え
さらにあおる!!
えびの
フリットを
加えて
パンをよく
あおって、
皿にうつす
レモン
ところどころにミントの葉をかざる

●海老はやはり下味をつけておく。このプロセスをジャンというんだけど、これをやるのが中華料理の素晴らしさ。なぜ砂糖を入れるのか、なぜ卵白が必要なのかよくわからないが、味をつけるというよりは質を変える、という感じ。ぷりぷり感を生み出す大切なプロセスだ。プロの料理人は一晩寝かせたりすることもある！

●それから二度揚げ。一度目は天ぷら気分で少量ずつ。全部揚げたら、揚げ油から揚げかすをとり除き、温度を上げて全部そこに戻して一気に揚げなおす。終了したら海老を紙の上などにのせて油を切り、すぐにレモンソースの鍋に移すので、段取りよくするのが大切。ソースは酢と砂糖、同量を煮詰め、水溶き片栗粉を入れてとろみをつける、それだけ。コツは、酢を強火で煮切って（二〜三分）、そこに砂糖を入れる。酢の量が問題で、「これくらいのフリットに、これくらいのソースを絡ませたらどうか!?」そんな自問自答を途中で何回かやっておいてもいい。中華鍋など、深めのフライパンの中を見つめて一気に決断してもいい。

●砂糖が溶けたら、水溶き片栗粉を入れてとろりとさせ、揚げたてのフリットを全部入れ、一気にフライパンをあおる。ソースを絡めながら、何回かに分けてレモンの三角薄切りを放り込み、全部がまんべんなく絡むようにする。海老が天ぷら状態だと、このときころもが崩れてしまう。海老はあくまでもフリットに仕上げておく！

●料理中、まわりの人の眼には、酢も、砂糖も、レモンも、「え〜っ！ そんなにたくさん！」と映るらしい。

## [スペアリブの腐乳焼]

# 神戸の街並を歩くと、いつも想い出すとっておきの一皿。

●材料
豚スペアリブ▼12~13㎝のものを数本/にんにく▼1片/腐乳▼四角いかたまり1個/醤油▼全体をまぶす量

● 二ノ宮の林光さんのとっておきの一皿を紹介しよう。……この一品、見てくれは悪いけど、かみしめてみると百人が百人、みんな旨いという。なつかしい味、ほっとする味……それもそのはず、醤油はいうにおよばず腐乳は豆腐を発酵させたもの、人類にとってもっとも安心できる、長い間親しんできた味だからだ。

● スペアリブというと、甘い味、果物の酸っぱさ、そっちの方(トロピカルな味)にもってく人が多いけど、これは塩辛く、醸造臭の強い、やや北よりの味。紹興酒を飲みながら、下の前歯を使って少しずつ肉を骨からこそぎ落とすようにして、かみしめるように味わい、次の一皿が出てくるのを待つ……そんな一品だ。

● まずは肉屋で骨ごとに切り分けられたスペアリブ、長さでいうと一二~一三センチのものを数本用意。パーティのオードブルにするなら、それなりの量用意する。にんにくを一片みじん切りにし、腐乳の四角いかたまりを一つ、醤油を全体にまぶすだけの量を、大きめの皿の中央に同時に入れ、スプーンの背を使ってなめらかになるまで混ぜ合わせる。ねっとりとペースト状のミルクチョコレート色のものができ上がったら、そこにスペアリブを全部入れ指でよくからませる。

● 準備ができたらすぐに金網に並べ天火に入れる。予熱など不用、一七〇~一八〇度に保ち四〇~五〇分かけじっくりと焼き上げる。ときどき天火の扉を開けて肉の状態を観察す

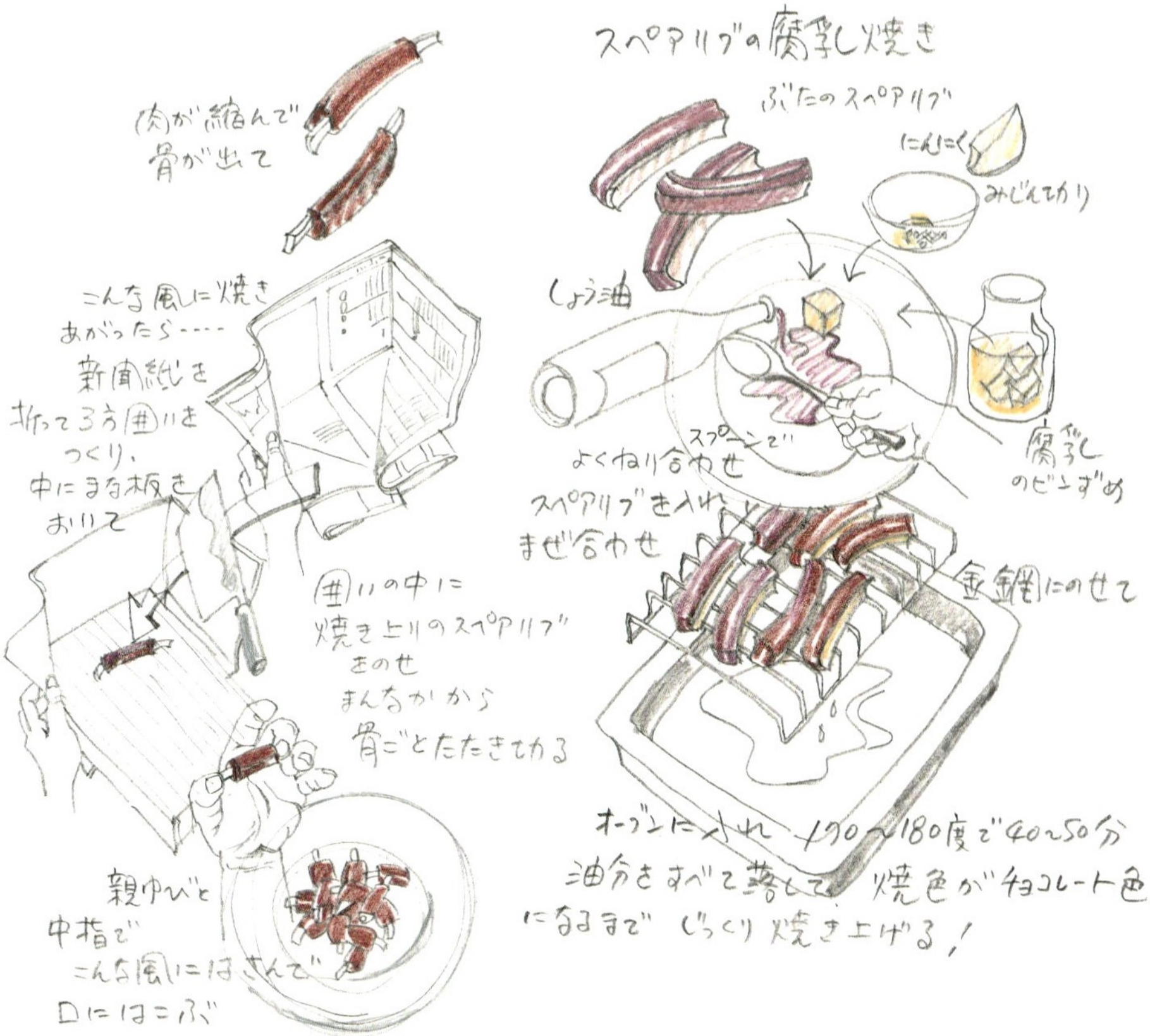
スペアリブの腐乳焼き
ぶたのスペアリブ
にんにく
みじん切り
しょう油
腐乳のビン詰め
スプーンで
よくねり合わせ
スペアリブを入れ
まぜ合わせ
金網にのせて
オーブンに入れ 170〜180度で40〜50分
油分をすべて落して 焼色がチョコレート色
になるまで じっくり焼き上げる！
肉が縮んで
骨が出て
こんな風に焼き
あがったら・・・・
新聞紙を
折って3方囲いを
つくり、
中にまな板を
おいて
囲いの中に
焼き上りのスペアリブ
をのせ
まんなかから
骨ごとたたき切る
親ゆびと
中指で
こんな風にはさんで
口にはこぶ

ると、油分が肉の表面に浮き出してきて鉄皿の上に落ちている。少し焦げ目ができていて「うまそ〜っ」と思うはず。思わずそこで「でき上がり〜！」といいたくなる。ここが大切なところ、天火の扉を閉めてまたじっと待つ。やがて油分が完全に落ち切ってパサパサの紙のような肉が骨にこびりついている状態になる。表面を覆うものが何もなくなるので色も急に黒ずんでくる。これが本当のでき上がり！

● 新聞紙等で囲いをつくってまな板を置き、二分の一あるいは三分の一の大きさに叩き切る。肉包丁だと刃がこぼれる。出刃包丁だと骨が崩れる。中華包丁だとスパっと骨ごと切れる。肉にふれないように骨の両端部を指に挟んで口に運ぶ。味わった人はみな「味噌の味がする」という。油分はまったくなく、香ばしい醸造臭が口の中に広がる……。

## おまけ

腐乳を冷蔵庫の中にいつも持っていると便利。腐乳と醤油をよく混ぜ合わせて、生姜の搾り汁を加えたものを豚肉の薄切りによくからませて、油をひいたフライパンで一気に焼き上げる。これが僕の家の「豚の生姜焼き」だ。三分クッキングで小松菜の茹でただけのつけ合わせで飯を食う。生姜を使うときは僕はにんにくを使わない。生姜を使わずににんにくを使う〈豚のにんにく焼き〉、これも旨い。飯によく合う……。

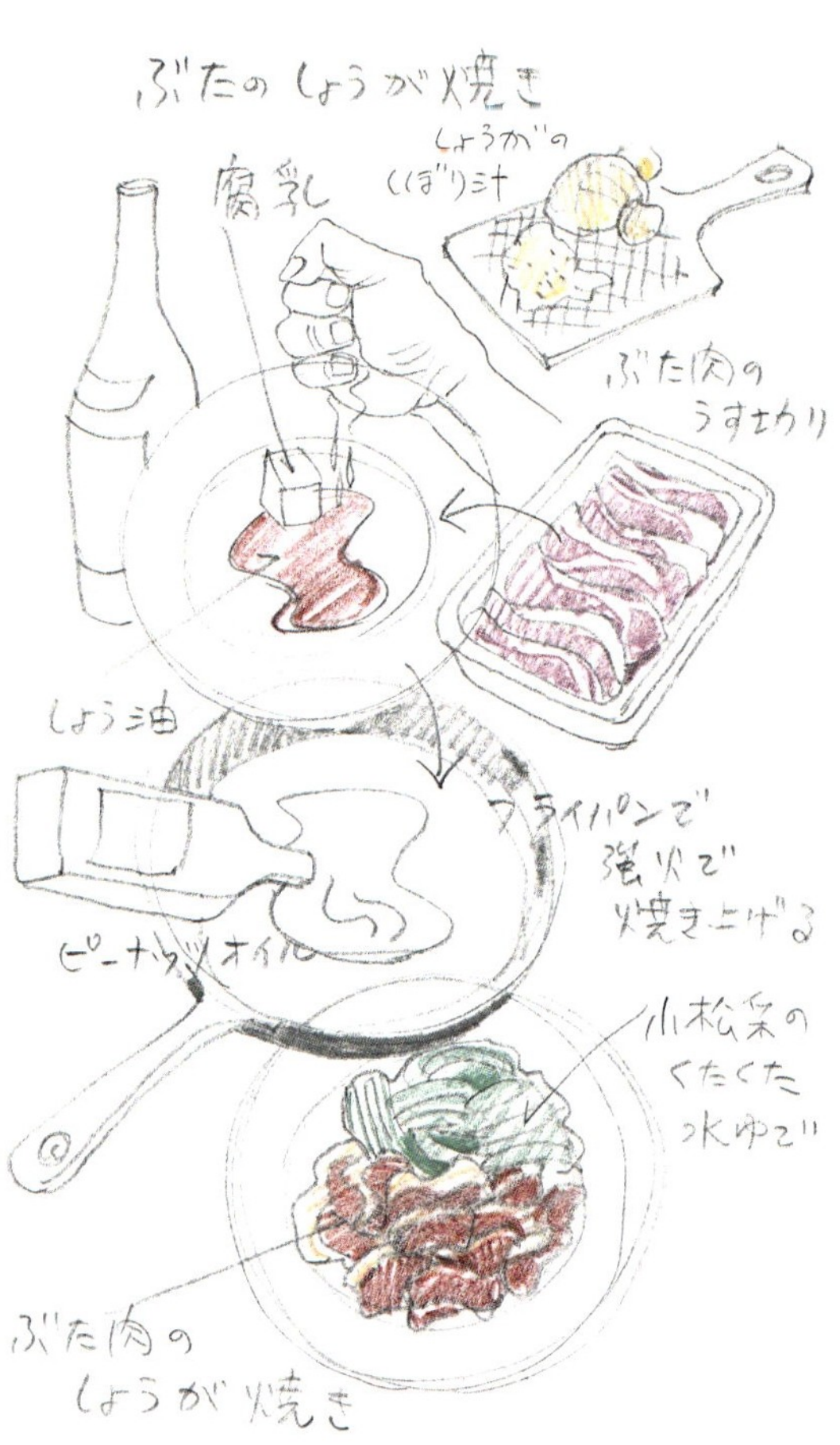

## ［孫さんの炒り卵］

# そうです、完全に料理になってますよね、これ。そう、そう、これが料理ってことなんですね。

●材料
卵▼3個／生姜極薄切り▼3〜4枚／砂糖▼小さじ1／醤油▼小さじ2弱／酢▼小さじ1／炒め油▼少量

●砂糖、酢、醤油、あったりまえの調味料。卵以外の材料としては生姜、これだけを使う。これを食べた人はみんな、かに味噌を調理したんですか？　と聞く。孫さんは何を意図したんだろう……。

●東京は、学芸大の大通りに面し、アルミの引き戸が入り口の小さなラーメン屋があって、そこが孫さんの店だった。夜中に、小腹をすかせて立ち寄ったことがあった。若かった料理人熊谷喜八がそのとき一緒で、彼がそこに寄りたいといったのを覚えている。

●ビールと、そう、そう、そんなでいい、そんなんでいいから……。そんなやりとりのあとで出された最初の一皿がこれだった。ん……すごい。孫さんっていうんだけど……すごいでしょ！　いやあーわかります。炒り卵。そうです、完全に料理になってますよね、これ。そう、そう、これが料理ってことなんですね。

●このレシピはそのときの、あの一品の再現。主素材は卵のみ。卵を二つに分ける。白身と黄身。生姜、これを薄く切って倒し、さらに針のように細く切る、いうなればファイバー。こいつを白身の方に溶き混ぜて、黄身の方には砂糖、醤油、そして酢を溶き合わせておく。それからが勝負。まず白身の方を少量の油をしいて低温に予熱したフライパンに流し込む。スパテラを入れゆっくりとかき回す。かき回すというより、外から中へ寄せるようにゆっくりとスパテラを入れる。六時の方から。次に一二時の方からという風に、方角を

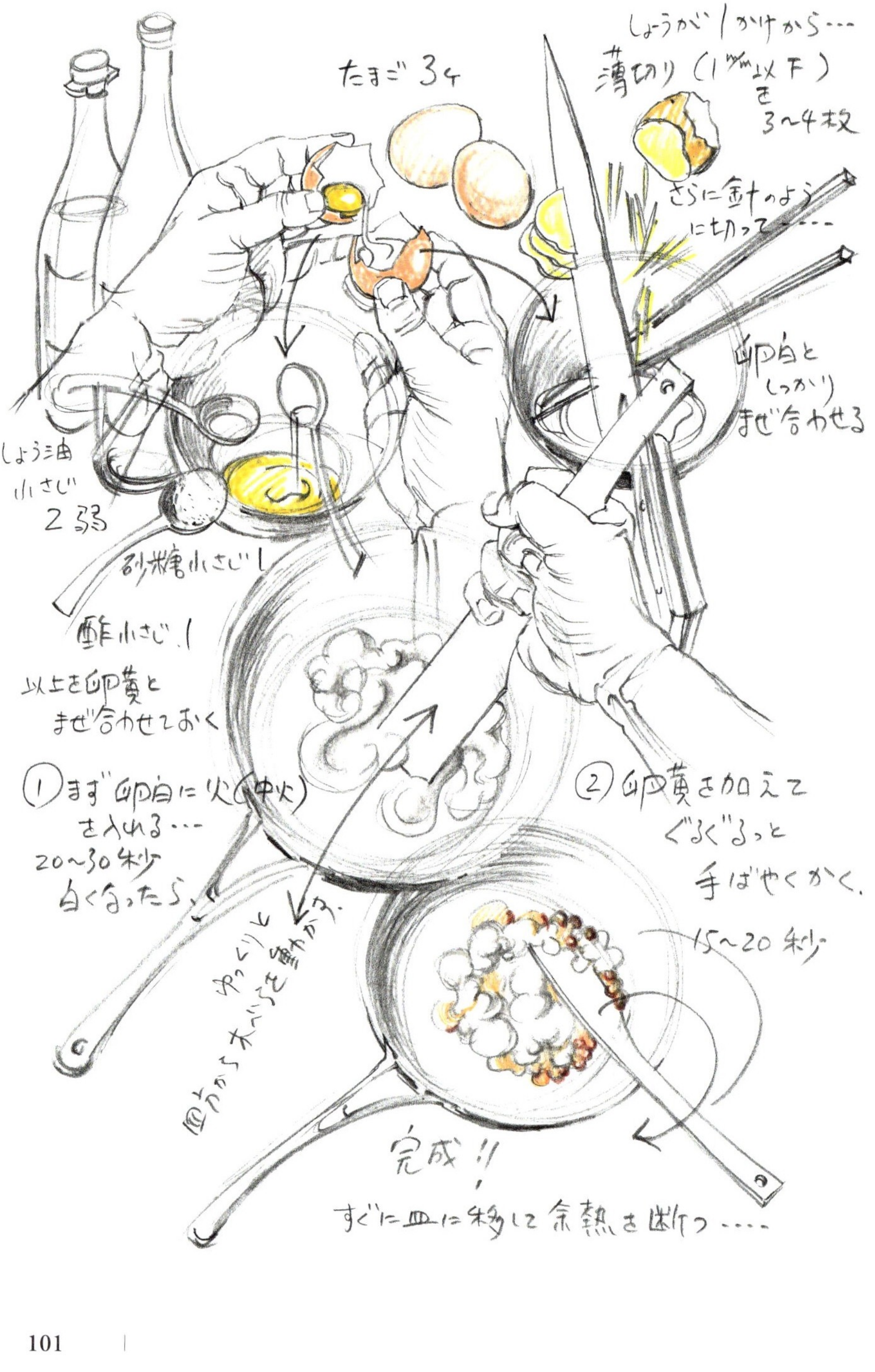
しょうがが1かけから…
薄切り（1ミリ以下）を3〜4枚
たまご3ヶ
さらに針のように切って…
卵白としっかりまぜ合わせる
しょう油小さじ2弱
砂糖小さじ1
酢小さじ1
以上を卵黄とまぜ合わせておく
①まず卵白に火（中火）を入れる…
20〜30秒
白くなったら
周りから木べらをゆっくりと動かす
②卵黄を加えてぐるぐるっと手ばやくかく。
15〜20秒
完成!!
すぐに皿に移して余熱を断つ…

かえて数回行う。火が入って固まりかけて白くなってきた白身が中へ寄せられると、中から外へ、液状の部分が流れ出る。それをまた中へ押し戻す……そんな感じ。次に黄身の方を、固まりかけた白身の上からかけ回すように一気に流し込む。すぐにスパテラを入れ、ふたたびゆっくりと、今度はぐるぐるっと回すように動かす。モデラート、そうそう、モデラート・カンタービレ！　まだ流れるものが残っているうちに、とはいえ、あらかた火が入ったところで火を止め、すぐに皿へ移す。孫さんの炒り卵の完成！

● かに味噌みたいだっていう人がいるって……わかるよね。あまーい酢味ってわれわれ、かにの味だもんね。黒酢？　醤油？　このほら、黒ずんだ黄身の色、ほんと、かに味噌みたい……生姜のファイバーで何となく繋がり感のある白身がさ、ほんと、かにの身みたいだし……しかし白身と黄身が混じってないんだね全然……そこがまた……火の入れ方、タイミングなんですね……これって、確かにすごいですね……。

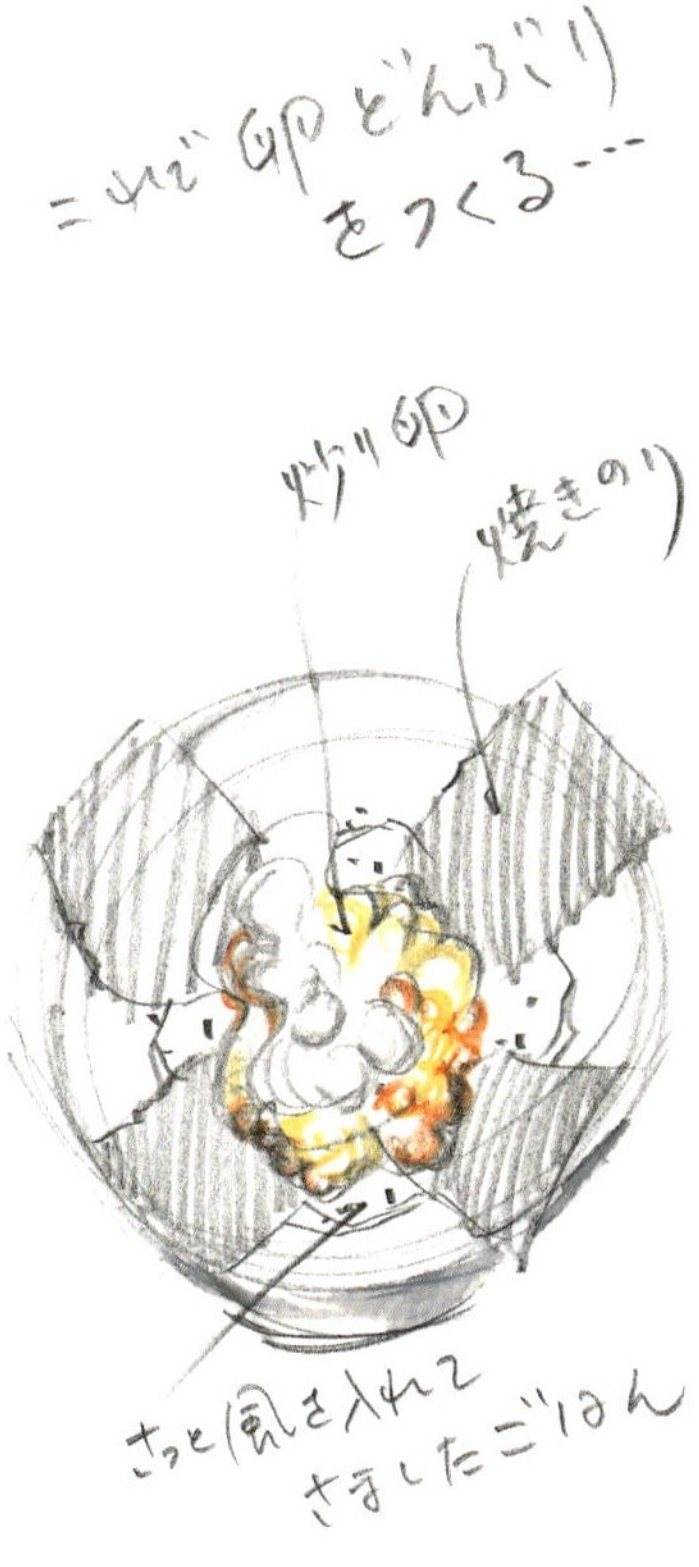

これで卵どんぶりをつくる…
炒り卵
焼きのり
さっと風を入れてさましたごはん

# Winter Recipes

## [冬のレシピ]

◉……お陰様で、牡蠣は食卓に出されたときに
ぷりぷりでぽんぽこりん。
見た目に最高に美しく、
味わえばその瑞々しさは生牡蠣のようだ。
飯には牡蠣の旨味がしっかり染み込んで、
まさに「炊き込み」と呼べるだけの
時間がつくり出した味である。

## ［甘鯛のかぶら蒸し］

# 器が白、かぶらが白、甘鯛がシロ、あくまでも白。

●一冬の間に一度は甘鯛を丸ごと一匹買って、自分の手でおろし……、頭としっぽは身をたっぷりつけて、中骨と一緒に荒炊きにする……圧倒的にしっぽの身が旨い。残った真ん中のところの半身は真四角に切って塩焼きに、半身はかぶら蒸しなどやってみたい。調理中、手に伝わるポンポコリンの素材感は、食うこと以上の満足感だ……。

●成城石井の魚売り場で、甘鯛の〝シロ〟を見かけた。いつものにこにこ顔のおじさんが、いつも以上のにこにこ顔で声をかけてくる。「これってシロっぽくて見栄えしないけど、ホントにおいしいんだよね」。産地は豊後水道。「もってってよ。いいよ。まけとくよ！」……湯気が上がってくる。蒸し上がりのあつあつのかぶら蒸し。それに、それに……冒頭に触れたように、甘鯛はあますところがない。

●かぶらといえば、年の内は野菜売り場でよく目にした聖護院も、年を越すと近江かぶらが主になる。炊いてしまえば同じだが、聖護院の方が辛味が強い。おろして、汁気をおとしてから使うのだが、調理中にこの汁に焼酎など注いで飲む、あるいは厚く剥いたかぶらの皮をバリバリとやったりする。まあ、そういうときは近江かぶらの方が胃にやさしいような気がする。調理にとっては、別にかぶなら何でもいい。小さいかぶなら、皮ごとおろしてしまって使うから、その方が扱いやすいかもしれない。野菜売り場でもう一つ、調理人がかぶら蒸しで必ず使う素材がある。そ

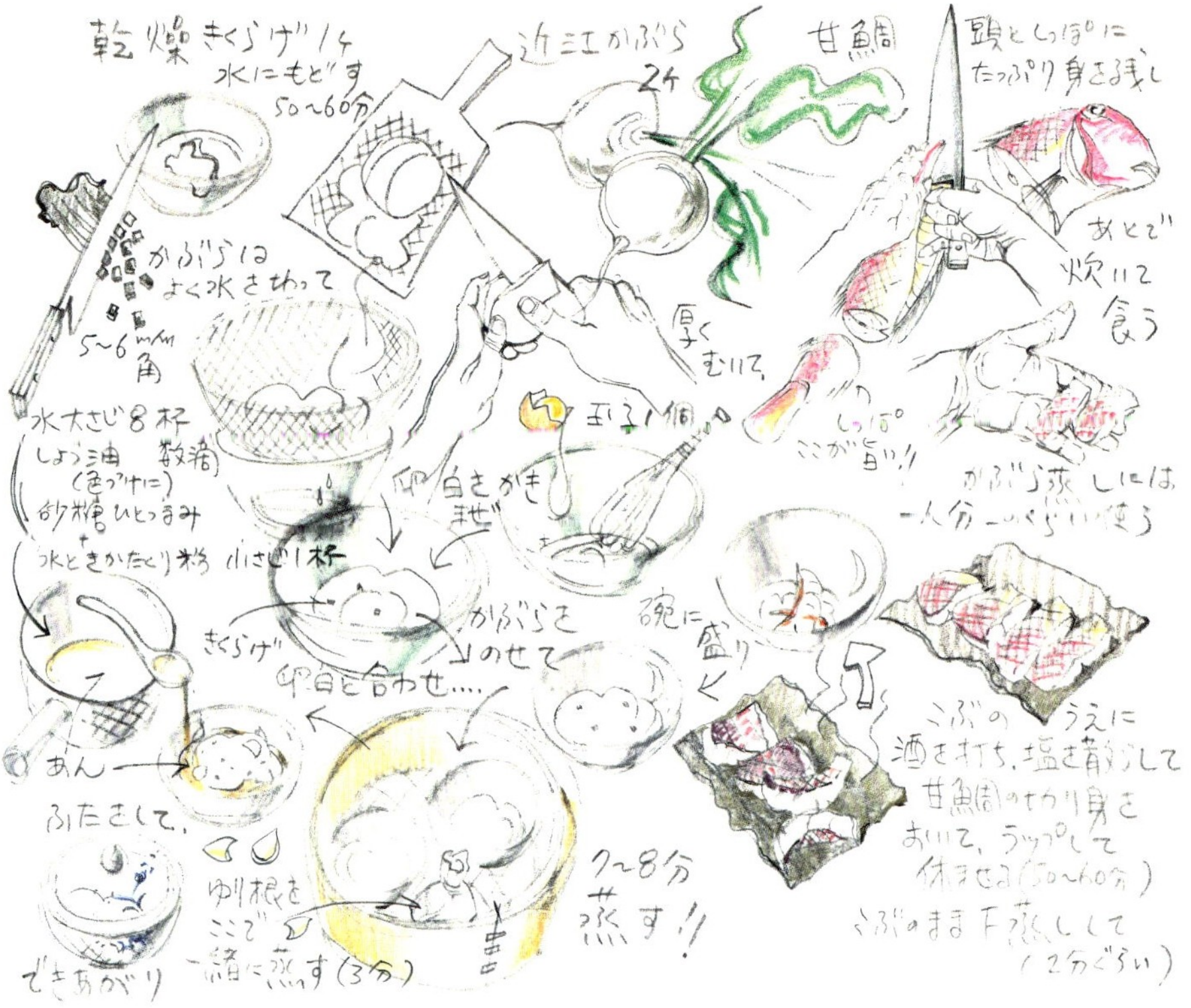

乾燥きくらげ 1ヶ
水にもどす
50〜60分
かぶらは
よく水きかって
5〜6mm角
近江かぶら
2ヶ
厚くむいて
甘鯛
頭としっぽに
たっぷり身を残し
あとで
炊いて
食う
しっぽ
ここが旨い!!
かぶら蒸しには
一人分このくらい使う
玉子1個
卵白をかき
まぜ
水大さじ8杯
しょう油 数滴
(色づけに)
砂糖ひとつまみ
+
水ときかたくり粉 小さじ1杯
きくらげ
かぶらを
のせて
卵白と合わせ……
碗に
盛り
こぶの うえに
酒を打ち、塩を散らして
甘鯛の切り身を
おいて、ラップして
休ませる(50〜60分)
こぶのまま下蒸しして
(2分ぐらい)
あん
ふたをして、
ゆり根を
ここで
一緒に蒸す(3分)
7〜8分
蒸す!!
できあがり


れは、きくらげ。できるだけ身の厚いものを、小さく豆粒くらいに切って、かぶらの中に隠す。蒸し上がりにかぶらの表面近くにあるものは、ポツンと黒っぽく見え、深く沈んだものは淡く、浅黒く、ぼんやりと見える。これがどことなく、庭先のごろたに初雪がうっすらかぶった感じで、何とも風情がある。蓋付きの碗の蓋をとると、ほんわかと湯気の上がるところに、初雪の風情……。

●このあつあつで食うのが信条の一品。レンゲで碗の底にあたるまでつつき、かぶらの下の甘鯛の身を崩して、まわりからあんが流れ込むのを受けて、いっぺんに口に運ぶ。「あつっ!」ということになって、出すわけにはいかないから飲み込んでしまう。そうすると喉をやけどする。……そのとき、口の中で歯にコツコツあたるものがあって一瞬注意すれば、あとは口元をゆるめて空気を吸ってやるとか、口の中が唾液でいっぱいになるほんのいっときを置くとかするので、やけどすることはないだろう。料理人がいうには、かぶら

●材料（2人分）
甘鯛（5㎝くらいの切り身）▼2枚／近江かぶら（テニスボール大）▼2つ／卵白▼1個／きくらげ（5㎜角に切ったもの）▼小さじ1／昆布（甘鯛の下処理時）▼手のひら大1枚／酒（昆布の上にばらまく）▼小さじ1／塩（昆布の上、そして甘鯛の上にばらまく）▼少々、だけどしっかりと
［あん］水▼大さじ8／醤油（色づけに）▼1、2滴／砂糖▼1つまみ／片栗粉▼小さじ1／ゆり根▼ばらばらにし、中心の方の小さいもの20片

に隠すきくらげとは、風情というよりも、そうした気配りなんだそうだ……。

● ロイヤル・コペンハーゲンに最近アジアっぽい食器が出ている。その中に蓋付きの碗があって、レンゲと共柄である。一目惚れして、以前買ってしまったものが、しまってあった。それを使うとして、器が白、かぶらが白、それに甘鯛のシロ……。それに……かぶらのすりおろしたものにポテリをつけるために、卵白を使うのさ……！

● あんに、うっすらと醤油の茶色をもってくることにした。料理人によっては醸造味を嫌って、一番出汁とくず粉だけでいく人もいる。僕もどちらかというとそうなのだが、今回は色味に賭けた。水と醤油、一つまみの砂糖、片栗粉。これだけで何度も味見した。僕は昆布味が好きなので、大きなラウス昆布の上で甘鯛の下味付けをし、小一時間休ませ、昆布にのせたまま下蒸しをした。下蒸しが手間なら、甘鯛を薄めに切って熱の入りをよくしてやるといい。

● 碗を蒸すとき、ゆり根を同時に脇で蒸し、あとで散らすことにした。このアイデア、ある方から頂戴したものだが、あくまでも白でいきなさい……と励ましていただいたような気がして……涙。

［マックロー・バンブロン］

# 味噌じゃなくってワインで煮て、一晩煮汁に漬け込んだ、フランスの鯖料理。

●材料
鯖▼1匹またはパック入味噌煮用切り身4切れ／白ワイン（ムスカデ）▼400cc／りんご酢▼100cc／クローブ▼2粒／黒胡椒▼数粒／ローリエ▼2枚／レモン▼1個／赤玉ねぎ▼1個／ほかにブーケガルニ等好きな香草

● 鯖の味噌煮って冷たくなってもおいしいよね……。マックロー・バンブロン。味噌じゃなくってワインで煮て、一晩煮汁に漬け込んだ、フランスの鯖料理……正式に冷製。このレシピでつくってみてほしい……旨いぜ。

● 正しくはマックロー（鯖）とバンブロン（白ワイン）の間にオーが入る。耳で覚えたからマックローバンブロン。勿論これで通じる。鯖の小さいやつをリゼッと呼ぶ。こいつを使うんなら一人分二匹。頭を落とし、腹腔を洗って丸のまま使う。おっきいやつ、マックローだったら一人一匹。二枚におろして使う。僕は半匹で充分。特に一本釣りの大き目の鯖なんかだったら、三枚におろして、フィレ・マックローとして使いたい。中骨をとり除くのだが、このとき腹腔のあばら骨はそぎ落とさずにそのままつけて置くようにおろす。この部分が柔らかく脂っこくておいしい。食べるとき、ちょっと面倒だが、ここが骨と一緒にそぎ落とされていたらがっかりだ……。

● 一本釣りの鯖というと、その昔葉山の寿司屋で食った一かんを思い出す。食べたことのなかった旨さ……。「回遊せずに根に居つく習性の、ひと回りおおきな、脂ののりのいいやつがこの辺にいるんです……」。この手の鯖はいまではブランドになっていて、たまに街で見かける。

● 今日の鯖もぽんぽこりんに太ったやつだ。三枚におろして、さらに半分に切って皿盛りを小ぶりに見せよう。鯖はどこの海にでもい

さば、3枚におろして
それぞれ1/2にカット
塩、こしょう、レモン汁
5〜6分おく…
クローブ 2粒
リンゴ酢 100cc
黒こしょう 数粒
耐熱皿(蓋つき)に
さばを、皮を上にしてならべ…
あつあつのブイヨンをそそぐ
+白ワイン400cc
10分沸とうさせて…
さばはひたひた
玉ねぎ類ははみ出してもOK…
鯖…1匹
又は
で求めた
パック入り
のみそ煮用切り身
…4切れ
白ワイン(ムスカデ)…400cc
リンゴ酢…100cc
クローブ…2粒
黒こしょう…数粒
ローリエ…2枚
レモン…1個
赤玉ねぎ…1個
(他にブーケガルニ等
好きな香草…)
レモンの薄切りをひと切れに
1枚づつきれいに貼り付け…
赤たまねぎ、残りのレモンの薄切り、
ローリエ2枚を加えて蓋して
4〜5分湯煎
室温にさまして…
冷蔵庫で
1晩…
バターたっぷり
つめたいのを
食おう!
プルン
プルンのジェリー状の…
右手にフォーク、左手に
バターたっぷりのフランスパン、これ最高のコンビ!!

るからこれはどこにでもある料理だが、今日はブルターニュといこう。ワインはムスカデ、ビネガーはりんご酢。鯖を煮てから冷まして寝かせる料理だが、ここではちょっと工夫しよう。

● ギリギリの大きさの蓋付きの耐熱ガラス鍋に生のままのフィレを並べ、その上にボイルしたワインとビネガーをぶっかける。それからレモンの薄切りを鯖の皮に一枚ずつ飾りつけ、さらにその上から、赤玉ねぎの輪切り、残りのレモンを重ねて、蓋をして湯煎にかける。素材は煮るのではなく芯まで温める感じ。こうすると仕上がりで見た目も食感もいい。四、五分湯煎したら、そのまま室温に冷まし、冷蔵庫へ……一晩寝かせる。鯖の皮の上に置いたレモンは、熱で溶けた皮のゼラチンで皮にピッタリくっつく。その上にプルンプルンの半透明のゼリーがのっている。それができ上がりの姿だ。そのときを計算して、素材をていねいに扱おう……。

● ムスカデはロアールの河口の極辛口の白ワイン。上流のサンセールだとちょっと柔らかめかな。味も値段もちょっと上流。僕は迷わずムスカデ。惜しみなく料理に使える値段で、求めて口にするに値する……。

レモンの皮をはずしてつくると…
夢のように美しい仕上り!!

［リガトーニ漁師風］

# アドリア海、港町での一皿。そうかそうか、この味か……。

●この料理、旅先のアドリア海に面した小都市アンコーナのフェリー乗り場の食堂で食べた。漁師風とか、そんな名前だった。東京では、こんな感じでスパゲッティなんだが、やはりリガトーニがいいなと思った。スパゲッティだとアルデンテでいくだろう。それよりリガトーニの茹ですぎ気味の、もちもちした品質の高い小麦粉の味を味わいながら、濃厚なシーフードの味を楽しむ。これはペンネでもだめ。一番太いリガトーニじゃなくっちゃ！せいぜい一本か二本、口にほおばってモチモチとかみ締める。それからスープ皿の底にたまったスープというか、汁をスプーンですくって、ごくって味わう。そうしておいてムール貝とか、いかとかをとり出してプチッなどという感じで噛み締める……。そんな感じだ。

●大きめの深めの皿に、リガトーニが一人八〇グラムくらいだが、魚介類は僕のレシピよりもずっと多く盛りつけてある。人数が多いときは僕の家ではパスタを人数分、いっぺんに茹で上げて人数分の皿に盛り分け、いっぺんに仕上げた魚介類のトマトソース煮を皿ごとにぶっかけるように盛りつける。そんなやり方でいっぺんにできるから簡単だ。素材を一つひとつ、つまみ上げるように口にして、ときどきパンに手を伸ばし、適当にワインにも手を伸ばして結構間が持てる。

●材料（2人分）
ムール貝▼6〜8個／大正海老▼6〜8尾／あさり▼1皿／いか▼小さめのヤリイカ1杯／にんにく▼1片／玉ねぎ（甘めが好きなら）▼4分の1個／バジル▼1枝／リガトーニ▼150g／オリーブ油▼大さじ3／白ワイン▼大さじ3／トマト（カット缶）▼1缶／塩▼少々（パスタ湯には大さじ2）

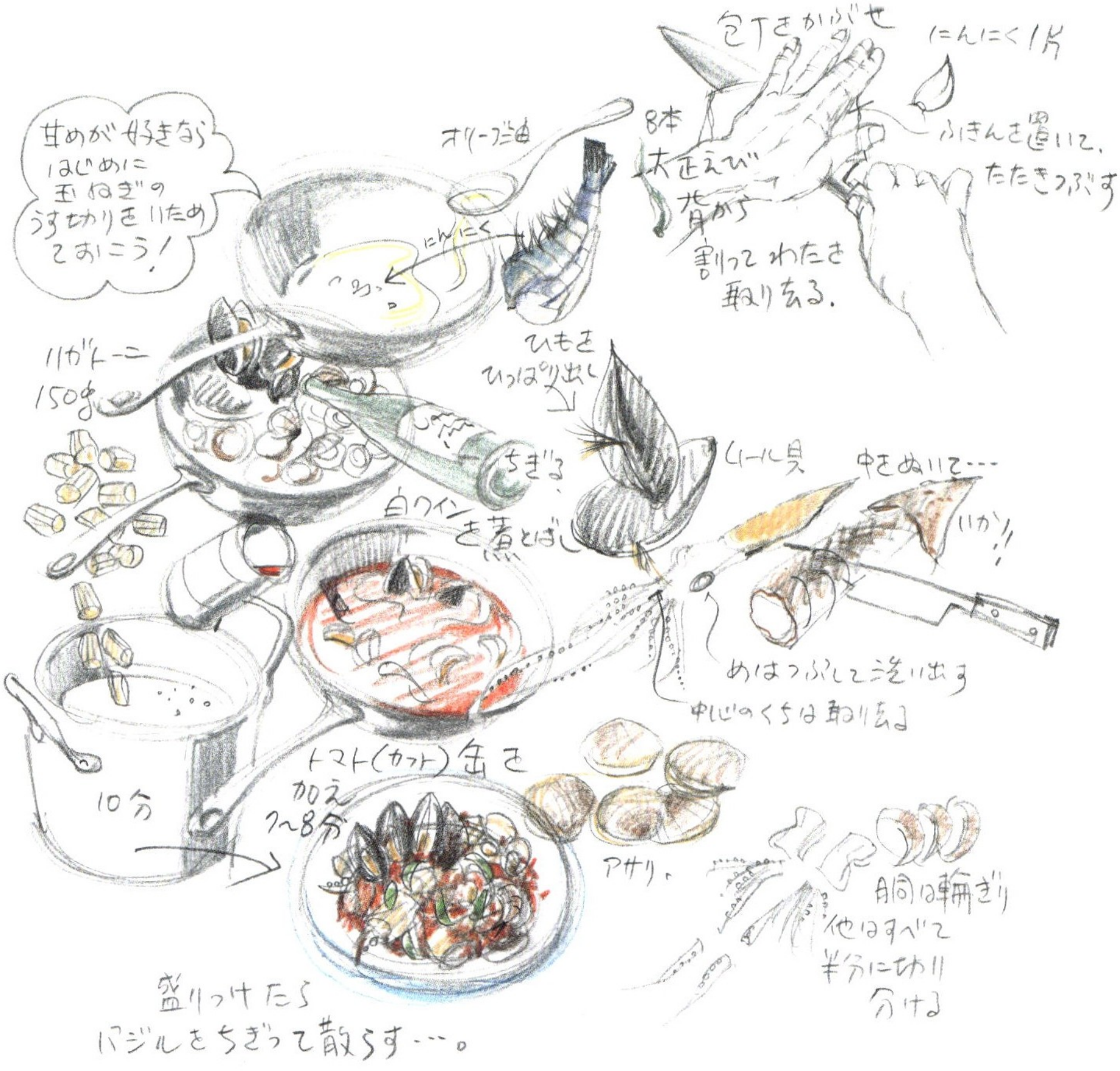

包丁をかぶせ
にんにく1片
ふきんを置いて、たたきつぶす
8本
大正えび
背から割ってわたを取り去る。
オリーブ油
にんにく
甘めが好きならはじめに玉ねぎのうす切りをいためておこう！
リガトーニ150g
ひもをひっぱり出し
ちぎる、
ムール貝
中をぬいて…
いか!!
白ワインを煮とばし
めはつぶして洗い出す
中心のくちは取り去る
10分
トマト（カット）缶を加え7〜8分
アサリ。
胴は輪切り
他はすべて半分に切り分ける
盛りつけたらバジルをちぎって散らす…。

［グジェール］

# フランス、ブルゴーニュ地方の香ばしいおつまみ。

●材料

薄力粉（篩にかけて）▼80g／バター（1cm角に切る）▼40g／グリュイエール（細かく切る）▼40g／卵（全卵でよくかき回す）▼2個／卵（あとでなでつける分、やはりかき回しておく）▼1個／水▼120cc

材料をそれぞれ準備している間に、水120ccを火にかけて、オーブンは200度に予熱しておこう！

● ワインとよく合う。寒い日の室内でほてった顔で飲み干す水多めのウィスキーの水割り、フランス語で「ウィスキーオー」、これもまたグジェールと合う。グリュイエールの深い発酵味と歯と歯がカプッと合わさるほどの軽い食感が何ともいえない。空気を噛むので香ばしい香りがいやでも鼻へぬける。ワインをもう一杯、いやいや、僕はウィスキーオーにする……。

● 小ぶりの鍋に水を沸かし、バターを入れて沸騰させる。火からおろし、薄力粉を全部入れてお湯になじんだら、また火にかけ、木べらで一気にかき上げる。最初は、鍋の壁にくっつきながら木べらにもくっつくっていう感じ。が、やがて生地がひとまとまりになり、木べら全体がまとまるようになってくる。まとまった生地がパタパタと鍋の壁をうつ。おお〜っ、という感じで火からおろす。

● 熱い鍋の外側を軽くぬれ布で拭いて熱を逃がし、すぐに溶き卵を少しずつ加え、木べらを勢いよくまわしてかき混ぜる。今度はまとまった生地に玉子がなじまずに、はじめはパタパタいっているが、溶き卵が均等に混ざると全体がねっとりと鍋になじんでくる。そうしたらまた溶き卵を入れる。パタパタぐるぐるパタパタぐるぐる、四、五回で卵を全部生地に合わせる。グリュイエールをすべて入れてよく混ぜ合わせる。グリュイエールはかたまりを包丁で切ってもいいし、シュレッドタイプ（細かく切ってあるもの）だったら包丁で

●ワンポイント
菓子づくりは錬金術だと思うこと。所詮、粉と玉子とバターなんだけど、分量と順番、これが大切！　途中で味見できないから、最初にきちんと量りを使って……ネ!!

薄力粉
80g
薄力
バター40g
刻んでおく
ふるいにかけ
水120ml
沸とうさせて
粉を入れたら火にかけ
かっかっと
よくかきまわす。
玉子
割りほぐし
火からおろした
なべに……
グリュイエール
40g
最後に黒こしょう
生地を袋に入れて
しぼる。φ=2.5cm
とき玉子
をつけたフォークで
形をととのえ
天火（200°）で30分
グジェールの
できあがり!!

さらに細かく叩き切っておく。無塩バターを使うときはここで塩少々。でも普通のバターを使っていれば塩のことは忘れよう……。最後に黒胡椒を少々、パッパッとひいて混ぜ合わせる。これで生地のでき上がり。

● ジップロックなどの、厚めのビニール袋に生地を入れ、四角い袋の隅っこを大豆まめが通り抜けるくらいの大きさに切りとり、（ジップロックだったら生地がもとに戻らないようにジッパーを閉じて）隅っこの絞り口から生地を絞り出す。天火の天板には油を塗っておいてもいいけど、アルミホイルを敷くのが便利。絞り出す大きさは直径二・五センチくらいの大きさ。三センチくらいの間をあけて絞っていこう！

● キレイに並んだら、溶き玉子をつけたフォークでかたちを整えてやる。二〇〇度の天火に入れて三〇分くらいかな……！　しっかり色づいてふくらんだらでき上がり。できたと思っても、もう少し置いて火を入れるのがコツ！

## ［鴨蕎麦がき］

# 簡単、簡単。鴨を加えて、旨さも格別。

●材料（2人分）
そば粉▼1カップ／水▼1.2カップ／ねぎ▼1本／鴨胸肉▼10切れ／めんつゆ▼50cc／水▼200cc／菜種油▼大さじ1

● 蕎麦がきってやつは、つくるのが大変で、食ってみてもそれほど旨いもんじゃない……そう思っている人が多いはず。このレシピは別だ。

● 蕎麦がきに鴨はないだろう……。それはそうだ。僕だっていつもは、菜種油でねぎだけ一緒に焼き込んでつゆを張っておしまいにする。素朴さがこの一品の命だから……。今日はちょっと張り切りすぎかな。見栄えのことも頭にあったし……。とはいえ鴨を使うなら、鴨の油で焼き込んでやったら、それはそれで、それも文脈かなって……。そんなわけで、今日のレシピは鴨蕎麦がき。

● ポイントは何といっても蕎麦がきのつくり方だ。これ以上簡単なやり方はないと思う。

テフロン加工の広口の鍋を用意する。僕はかまわずフライパン。これにそば粉をいれ、そば粉量の一、二割増しの水を加えて木ベラで練り合わせる。フライパンの中はどろどろの、泥遊びのような状態になるはず。そのまま火にかけて中火の強ぐらいで木ベラを使って一気にかき上げる。このレシピでは木ベラはゆっくり動かす。最初の一〇秒か一五秒は木ベラを動かさず、鍋底に火が入るのを待ってゆっくり開始する、そんな感じ。

● 木ベラが重く感じたら持ち上げて見るとよい。ヘラの先がダンゴになっているから、ヘラを勢いよく鍋ぶちに打ちつけてやるとダンゴは鍋に落ちる。底をかき、壁をかいてこびりつきを落としてやると、またヘラ先がダ

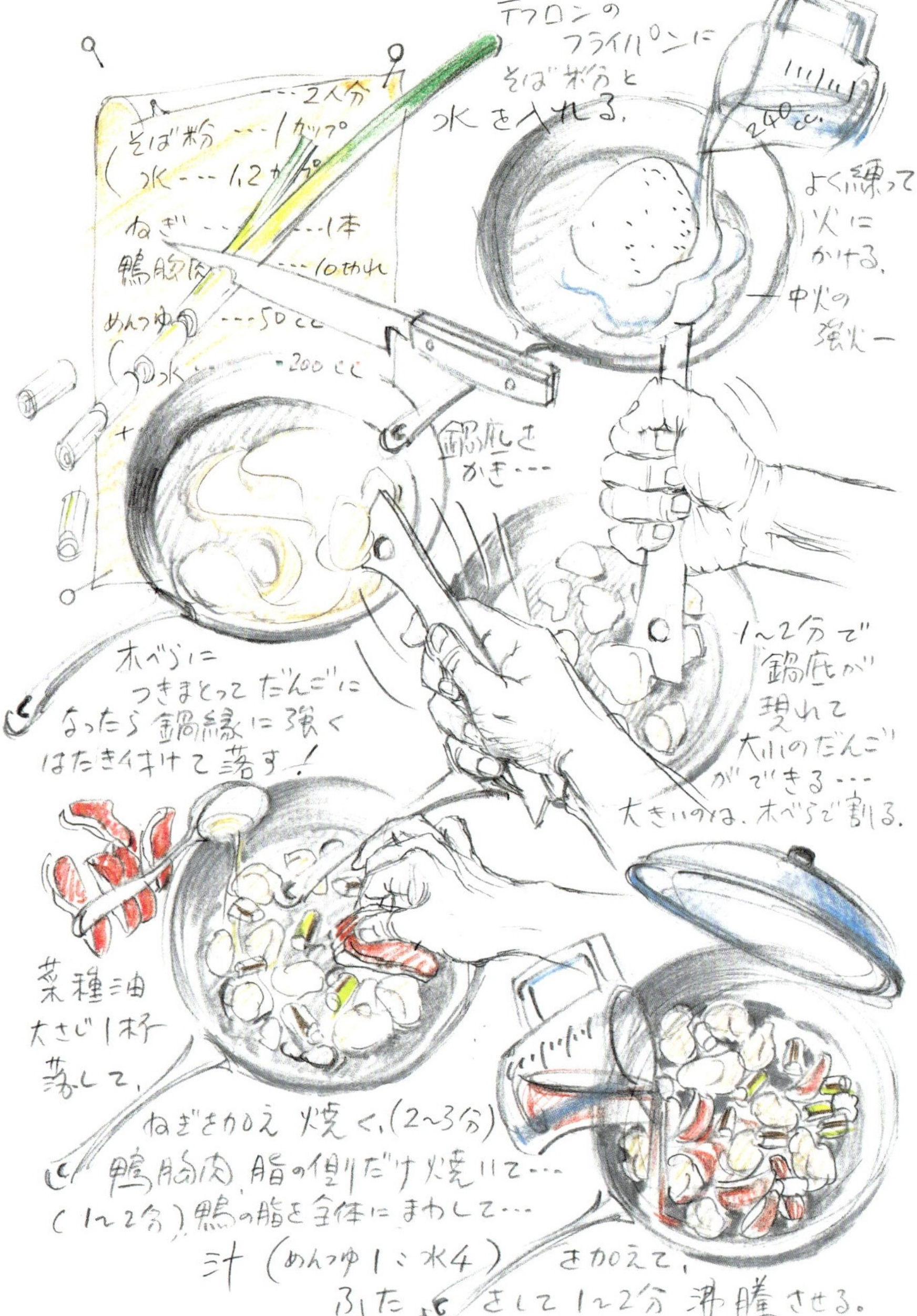

テフロンのフライパンにそば粉と水を入れる。
240cc
よく練って火にかける。
ー中火の強火ー
……2人分
そば粉……1カップ
水……1.2カップ
ねぎ……1本
鴨胸肉……10切れ
めんつゆ……50cc
水……200cc
鍋底をかき…
木べらにつきまとってだんごになったら鍋縁に強くはたき付けて落す！
1〜2分で鍋底が現れて大小のだんごができる…
大きいのは、木べらで割る。
菜種油大さじ1杯落して、
ねぎを加え焼く。(2〜3分)
鴨胸肉脂の側だけ焼いて…(1〜2分)鴨の脂を全体にまわして…
汁(めんつゆ1：水4)を加えて、ふたをして1〜2分沸騰させる。

ンゴになる。そうしたらまた叩きおとしてやる。ものの一、二分で鍋肌はつるつるになって、いろんなかたちのダンゴごろごろ状態となる。くっついたやつは木ベラで分け、でかすぎるやつは割る。無造作にやるとよい。だれがやっても、何度やっても必ずうまくいくよ。

●火を弱めずにここまできたら、ここでねぎを放り込み、菜種油をそそぎ、素材を返しながら焼く。今日のレシピでは鴨を加えるから、一、二分遅れで鴨を加え一緒に焼く。鴨は鍋料理用の切り身を求め、それを使うが、焼く前に手元で一枚ずつ皮の面が平らになるように揃え、まとめてつまみ上げて、皮の面を鍋底に押しつけるようにする。そうして焼くと皮から油が流れ出す。油が鍋全体にいき渡れば……最高。

●鴨はばらさないように、皮に火が入っても、身の方は半生の状態で焼きの段階を終わることにしよう。いい感じに素材に焼き色がはいったら、汁をそそぐ。汁は沸かしておけばそれに越したことはないが、せっかく鍋一つでここまで来たんだから、水で麺つゆを四倍に割ったものをそのままそそぎ入れてやる。鴨をほぐし沸きたつのを待って一分ほどおいたら火を止め、熱々を盛り分ける。

●鴨じゃなくても、鶏肉の親子どんぶり用のこま切れとか、肉団子なんかでもうまくいくはず。ねぎだけだっていい。北の国の、むかし風の、素朴な食卓を想いつつ、この一品は一品でいくのがいい。まあ、コップ酒でもあれば……付け合わせはなしでいい。

［フルーツ味のパスタ］

# ホームメイドのドライトマトを使って、やみつきになる一皿を。

●材料（2人分）
［ドライトマト］フルーツトマト▼4～5個／塩、グラニュー糖、オリーブ油▼適量
［パスタ］スパゲッティ▼120g／塩▼適量／富有柿▼1個／にんにく▼2分の1片／オリーブ油▼適量／バジル▼数枚／ケッパー▼大さじ1／プルーン▼2個／オリーブ▼4個／ピンクペッパー▼適量

●甘酸っぱくて、口の中がちゅーっとなる、トマトの味が濃縮したドライトマト。市販品では出会えないそんな味を望むなら、自分でつくるしかない。

●ドライなのに、柔らかく、タルトの材料としても、パスタに混ぜても、サラダと合わせてもとにかく旨い。つくり方はいたってシンプル、結果は誰がやってもうまくいく、一度試したら絶対に虜になる。ロンドンで活躍するシェフ、アラステア・リトルは、その著書〈Keep it Simple〉の中で自信たっぷりにそういっている。

●リトル氏のつくり方はいたってシンプル。プラムトマト、日本のスーパーではフルーツトマトと呼んでいるやつ、これを半分に切って、ヘタ・種等をとり除き、ボートのようなかたちにしたら、オーブンの皿にオリーブ油を塗り、くっつかないように間隔をあけて並べる。塩と砂糖を指でつまんでパッパとふりかけ、オリーブ油もスプーンに受けてタラリタラリとかけ回す。予熱しておいた一五〇度のオーブンに入れて四五分間。でき上がったら、即料理に使うか、広口の瓶に入れてオリーブ油をヒタヒタに注ぎ入れ、しっかり蓋をすれば、常温で六か月は優にもつという……。あの……夏のトマトが……、いまでは一年中出会える野菜売り場の定番にすぎないとはいえ、保存食となって冬の素材と出会う……。

●今回のレシピはそんなドラマを一皿に仕立てたつもり……。ドライトマトを使ってつ

2人分として
フルーツトマト
4〜5個
芯を取る
ように
ころころ!
富有柿は
皮をむき
1個分で
3片ぐらい
に
切り分ける
外気に
1〜2昼夜
ころがし切り
にして
たんざくに……
布巾にひろげ
塩,グラニュー糖
パラ
パラ
オリーブ油
オリーブ
油
スパゲティー
120g
オーブン
(140〜150°)
で45分
にんにく
1/2片分
スライス
塩湯
ペッパー
大さじ1杯
オリーブ
4個
オリーブ油
弱火で
バジル
プルーン
ドライトマト
柿
ピンクペッパー
プルーンは1/3に切り分けて
2個
ドライトマトも1/2〜1/3にたんざくに切って….

くるスパゲッティ、オリーブとケッパーと一緒に……という一皿を、サンフランシスコ郊外のオリーブ農園マキヴォイランチの料理長、ジェラルド・ガスの著書から盗んだものがベース。彼はガーリック・スライスをレッドオニオンのスライスとともにオリーブ油で浅く火を通すところからはじめる。干しぶどうを加えるのがポイント。彼の言葉によると、そこが南イタリアの伝統なんだとか……。

ダウンタウンのレストランを退いて、田舎へ引っ越したガス氏は、さらに面白いことをいう。サラダパスタ、そう呼びたいところなんだけど……（料理研究家たちから）物議をかもしそうなので、そうはいわず、ただ、冷たくつくってもおいしいよ、と人に伝えているというのだ。

僕のレシピでは、玉ねぎは使っていない。干しぶどうも、よりマイルドなプルーンにして、ドライトマトにぶつけるフルーツ味としては柿を使っている。果肉をさっとへぎとって布巾に広げ、一昼夜外気に当ててみた。果肉に透明感が増し、ごまのような点々が浮かんできたら、使いどころだ。それこそ物議をかもす以前に、笑いものになるかも知れないところだが、フルーツパスタと呼んでほしいと思う。

口に入れると、これが、いろんな味が合わさってミーティーなんだ。ガス氏の感想だ。パルミジャーノ・レッジャーノを粉にせずに包丁でそぎ切りにして多めにのせると、それが決め手。僕は撮影のときこれを忘れてしまったが、食べるときにはもちろん、パルミジャーノ・レッジャーノをたっぷりとのせて口へ運んだ。ミーティーとは肉のような濃厚な味わいということ。一度つくってみてほしい。絶対虜になると思う。

## ［ピザラディエール］

# どこの店のメニューにものってない。聞いたことはあるんだけど……。

●材料（1枚）
［ブリオッシュ生地］強力粉▼250g／インスタント・ドライイースト（顆粒）▼小さじ1／卵▼2個／ぬるま湯▼100cc／塩▼小さじ1／無塩バター▼80g
［トッピング］アンチョビ▼12片／玉ねぎ▼中6個／オリーブ油▼大さじ4／タイム▼数枝／黒オリーブ（種なし）▼6個以上／フルーツトマト▼数個

● Pissaladiere……ピザラディエール。南仏マルセイユの名物料理。あまあま玉ねぎソテーの上に塩辛アンチョビ。それがブリオッシュ生地にのって焼かれている。食いたかったら、自分でつくるっきゃない……。

● わかるような気もする。フレンチなのかイタリアンなのか、オードブルなのかメインディッシュなのか……。店のメニューには向いてないかも知れないけど。この一品、料理好きにはたまらない点がいくつかある。まず素材。玉ねぎにアンチョビ。小麦粉を練って焼いた皿の上にのっている。数千年の文化の厚みに挑戦するのだという雰囲気。次に、玉ねぎのスライスを長い時間かけて焦がさないように炒め、甘さを引き出す、この錬金術のようなプロセスに立ち会うことの素晴らしさ。パン生地を皿のかたちに整え、具をタップリのせて、天火に放り込み一気に完成させる過程にもいえる、火の魔力を手に入れた満足感のようなもの……。第三に、料理の時間配分。イーストを加え粉を練り上げ、発酵を待つ時間、玉ねぎをスライスし、オリーブ油を加えフライパンで炒める。火を止めパン生地を平らにし、フラン型に入れて型を整え、すぐに玉ねぎ、アンチョビ、黒オリーブ、スライスしたトマトを盛り込んで天火に入れる。焼き上がるまでの時間を利用してテーブルセッティング。ワイン選び、そして栓抜き。しめて二時間のこのプロセスがすべてうまくいって台所もきれいに片づいたところでピザの焼き上が

りとくれば最高……。最後にやはり、南仏のプロヴァンスにトリップできるってことかな。

●もちろんこれ一品でいく。休日のブランチか、遅めの昼食。だらだら食いたければロメインレタスのサラダでもあれば充分だ。多分、アンチョビが残ると思う。残ったら、にんにくと一緒にすりつぶし、酢とオリーブ油を少し加えペースト状にして、空にしたアンチョビの瓶に戻しておく。アンショワイヤードと呼ばれるもので、何にでも合う。朝食のトーストに塗る。固ゆでの卵を半分に切ってたらす。生野菜のスティックにつけて食う。僕は豆腐の冷奴にこれをつけるのが好きだ。

●アンチョビの塩を抜きたいときはカップ半分の牛乳に一時間くらいつけておくといい。その場合、玉ねぎを炒めるとき塩一つまみ入れてやろう。僕は玉ねぎには塩も胡椒も入れない。アンチョビは塩辛いままでいく。タイムかローズマリー、オレガノなど。細かく刻んで玉ねぎの仕上がりに加えてやるともっとプロヴァンス……さ。

## 【コッコバン】

# ソースを詰めるプロセスが僕を夢中にさせる。素材はいたってシンプルなんだが、このプロセスがフランス料理。

●材料

丸の地鶏▼1羽（約1.8kg）または骨付きもも肉4本と鶏ガラ1羽分／玉ねぎ▼1個／にんじん▼1本／赤ワイン（ボジョレ）▼1本／ベーコン▼100g／小玉ねぎ▼12個／シャンピニオン▼12個／鶏のレバー▼1個／オリーブ油▼適量

●フランス料理の、コッコバンは僕にとって基本中の基本。玉ねぎとにんじんと、骨付きの鶏肉をワインで煮込んだものが原点。コックとは雄鶏のこと。夏の間、放し飼いの群れのまとめ役だった雄鶏。冬になると雄鶏は鍋の中……そしてファーマーたちの胃袋の中へ……。

●丸の地鶏を手に入れよう。ももと胸を切り分け、ガラは小ぶりに叩き割っておこう。背中の、腰のちょっと上のあたりの皮下、腰骨の上にまあるい空豆大の肉が対にのっている。これを爪でこそいでもものブロックに含めるように切り分けられたら最高だ。ももも胸も半分に切る。全体で八分割。プロの料理人だと三〇秒はかからない。僕は三分以上かかる。ナイフは骨に刃を立てずに、関節のナックルとソケットの間を探ってそこに切り込むようにする。関節はグニューっと開ききって、ブチっといわせておくとやりやすい。ミルポア（香りづけの野菜）はにんじんと玉ねぎだけ用意する。冬の料理なんだからセロリなんかないんだ……。香辛料はローリエの葉のみ。

●香り野菜を細かく切って、鶏ガラと一緒に煮物用の深鍋でがんがん炒める。これにワインを一瓶注いで、鍋肌を木べラでこそぎ落とす。別にフライパンで八分割の鶏を塩・胡椒して粉をまぶして焼き上げ、ここに加えて蓋をして中火で四〇分ほど煮込む。その間に空いたフライパンでベーコンを炒め、小玉ねぎ、シャンピニオンを時間差で加えて、炒め

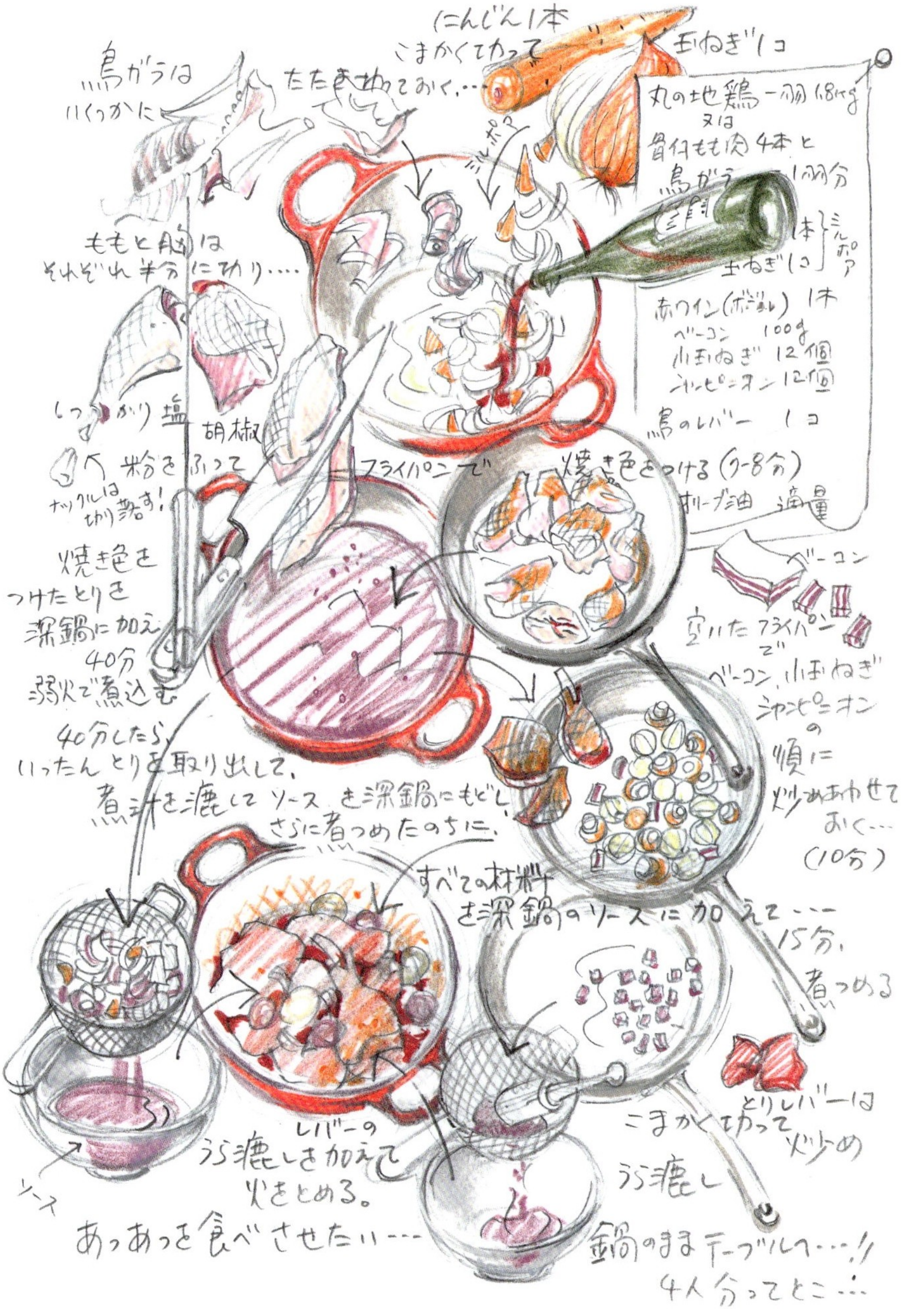
にんじん1本
こまかく切って
玉ねぎ1コ
鳥ガラは
いくつかに
たたき切っておく…
丸の地鶏一羽 1.8kg
又は
骨付もも肉4本と
鳥ガラ 1羽分
ミルポア
にんじん1本
玉ねぎ1コ
赤ワイン(ボルドー) 1本
ベーコン 100g
小玉ねぎ 12個
シャンピニオン 12個
鳥のレバー 1コ
ももと胸は
それぞれ半分に切り……
しっかり塩 胡椒
粉をふって
ナックルは切り落す!
フライパンで 焼き色をつける(7~8分)
オリーブ油 適量
ベーコン
焼き色をつけたとりを
深鍋に加え
40分
弱火で煮込む
空いたフライパンで
ベーコン、小玉ねぎ
シャンピニオン
の
順に
炒めあわせて
おく…
(10分)
40分したら、
いったんとりを取り出して、
煮汁を漉してソースを深鍋にもどし、
さらに煮つめたのちに、
すべての材料を深鍋のソースに加えて…
15分、
煮つめる
ソース
とりレバーは
こまかく切って炒め
うら漉し
レバーの
うら漉しを加えて
火をとめる。
あつあつを食べさせたい…
鍋のままテーブルへ…!!
4人分ってとこ…!

合わせておく。このフライパンに四〇分経った鍋から八分割の鶏だけをとりだして、鍋に残ったガラと野菜くずは漉す。漉したスープをもう一度空になった鍋に戻し、とろみを見て詰める。ここに、フライパンに集合した具すべてを移して、ローリエの葉を加えさらに一五分ほど煮込む。火二つで手際よくやっていく……。けっこう楽しい。

●漉して詰めるのがソースと呼ばれるもの。煮合わせたものを全部皿に盛るのが原点だが、ソースのプロセスを入れると料理は俄然レストランみたいに洗練される。ワインは田舎っぽくガメ種のものを使おう。ボジョレがそうだ。その年の安いやつで充分。テーブルの方はムーランナバン。ちょっと高いやつ、これで文句なしさ……。

●料理に使ったワインが若すぎて、仕上がりが酸っぱい感じだったら、ビターチョコレートを加えて味を調えよう。最後の決め手は鶏の血液なんだけど、そんなのない。チキンレバーか豚レバーを細かく切ってソテーして、裏漉ししたものを加えてやろう……どーだ、文句あっか……。

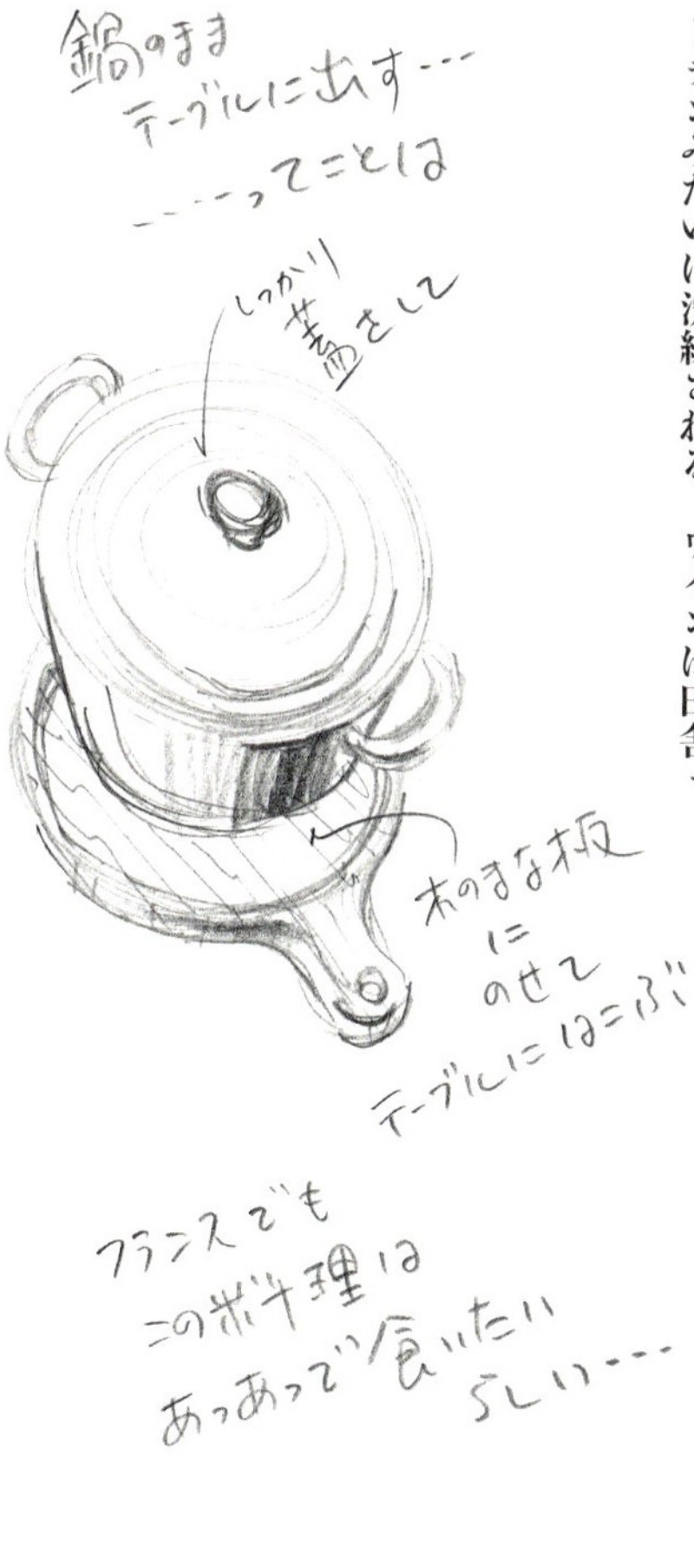
鍋のまま
テーブルに出す…
…ってことは
しっかり
蓋をして
木のまな板
に
のせて
テーブルにはこぶ
フランスでも
この料理は
あっあつで食いたい
らしい…

［牡蠣の炊き込みご飯］

# つくってみて、食してみて、その格調の高さには、いつも姿勢を正す。

●材料
生牡蠣▼250〜300g／米▼2合／生姜▼1個／ごぼう▼20cm／酒▼大さじ1／醤油▼色付け程度／塩▼少々

●牡蠣の美しい姿。ぽんぽこりんに膨らんだその身の張りのある質感、香り……。そして口いっぱいにほおばるときの満足感。この一品を言葉にすれば、そういったところか。ごぼうのささがきに、生姜の絞り汁、風味づけに酒と醤油。それらを米と一緒に釜に入れて炊き上げる。ただそれだけでいいから、つくるのはいたって簡単。時間もかからない。

●とはいえ、主役の牡蠣をどう扱うかが微妙なところで、大げさにいえば、料理といえるかどうか、決定的な部分なのである。

●まず牡蠣をお湯で茹でる。量にもよるが、二、三回に分けて、二、三分ずつ茹でる。そこで、茹でた水で飯を炊き、茹でられた牡蠣は飯が炊き上がる直前に釜に放り込んで再加熱する。牡蠣をそのように扱う。料理をかじった人なら誰でも、「あ、なるほどね！」とわかってもらえるポイントなのだが、素材が、分けられてそれぞれの道をたどり、最後に再び出会って器に盛られる。そういったプロセスが、料理には必ずある。僕はこうしたプロセスを「構成」というが、皿の上の構成、食卓のはじまりから終わりにいたる構成、それも構成だが、いわば見えざる構成とでも呼ぼうか。料理のプロセスに隠された、「構成」の部分、その部分に僕はもっとも感動させられる。

●牡蠣を茹でるとき、米を炊くのに必要なだけの水量では水がちょっと少なすぎる。二倍以上の水は必要だと思う。そこで、牡蠣が茹で上がったところで、必要なだけの茹で汁

生がき
250〜300g
2〜3分茹で
水
茹でるとふっくら美しい姿になる。
これをボールにとっておく
ごぼう(20cm)
ささがき
生姜
しぼる!!
水にさらして、
酒→
しょう油
塩→
茹で汁
米2合
研いだら
水はすてる。
炊きあがる8〜10分前に
かきを加えて
炊きあげる。
電気釜
漆ぬりの器がベスト!!
最後にへらで全体を
かきまぜ合わせて…器に盛る

をボールにとり分けるようにする。このとき、うわずみをとれば、ぼろくずのような沈殿物を残すことができる。このボールにとり分けた茹で汁に昆布を入れ、粗熱をとる。粗熱をとる間に、ごぼうのささがきをつくる。また、生姜を下ろして絞り汁をつくっておく。

● 米を研いだら、水を捨て、ごぼう、生姜、酒、醤油、塩とすべてを入れ、粗熱をとった牡蠣の茹で汁を釜の水量表示の所定のメモリのところまで満たす。そこでスイッチオン。

● 飯が炊けるまでに、付け合わせの一品でもつくるとしよう。いま頃の季節なら、菜の花のおひたしでいいと思う。おひたしといえば、昆布とかつぶしでとった出汁に浸しておいたもの。ここには、牡蠣の茹で汁の余りがあるので、塩を入れてさっと煮立て、湯がいた菜の花を浸しておけばいい。

● 飯が炊ける直前に釜に牡蠣を入れる。電気釜に残り八分前の表示が出たら、蓋を開け、牡蠣を入れる。このときは静かに放り込むだけ。かき回したりしない。炊き上がったら、ヘラを使って全体を混ぜ返す。ごぼうも牡蠣も、飯のおこげのところも、そうでないところも、このとき混ぜ合わされる。混ぜ合わせたらすぐ器に盛ってもいいし、ふたたび蓋をして再加熱、おこげを余分につくってみても面白い。

● お陰様で、牡蠣は食卓に出されたときにぷりぷりでぽんぽこりん。見た目に最高に美しく、味わえばその瑞々しさは生牡蠣のようだ。飯には牡蠣の旨味がしっかり染み込んで、まさに「炊き込み」と呼べるだけの時間がつくり出した味である。さらに加えて風味はとくれば、酒と醤油の、年月単位の時間の味である。いくつもの時間が一口の中に凝縮している。

● このレシピ、いつ頃、誰に教わったものだったか忘れてしまったが、確か本だったような気がする。某有名料理屋の有名料理人の著書だったかもしれない。この一品、つくってみて、食してみて、その格調の高さにはいつも姿勢を正す思いである。一冬に一度といわず、何回でもつくってみたくなるゆえんである。

［すき焼き］

# あの日の「おばちゃん」のレシピから……。

●材料
黒毛和牛片ロース（薄切り）▼300g／京菜▼1握り／ふとねぎ▼1本／白滝▼1握り／焼とうふ▼1丁／醤油▼約100cc／砂糖▼大さじ2くらい／酒▼1振り

● 焦げた砂糖、醤油。柔らか、あまあま大和牛……。シャキシャキ、にがにが京菜。これがあの日僕が出会ったすき焼きさ……。

● もう何十年もまえのあの日……高校二年の冬だったろうか。奈良京都の古美術を廻る一人旅。美大を目指す僕にとっての、それが受験勉強だった。いまほど交通の便がよくなかったからなのか、あるいは常識とはそういうものだったのか、行く先々の寺社仏閣が僕の宿泊所だった。高校の校長の紹介状を差し出すとぺこっと僕は頭を下げて、あとは坊主たちと一緒の風呂に入り、一緒のものを食わせてもらっていた。そんな中で、唯一泊まった旅館が奈良の日吉館だった。登り大路を大仏殿の方に歩くと左側。有名な「おばちゃん」が一人で仕切るあの日吉館。

● 日吉館を語る人はみな、晩飯のメニューはいつも決まってたというが、僕の記憶では決まってはいたが日替わりで三通りあった。赤い刺身とビフテキの日。次が白い刺身とトンカツ。次の日がすき焼き。みんなご馳走だった。確か一泊九五〇円。勉強目的、研究目的の貧乏旅行者しか泊めないぼろ旅館。だけどこのメニューの三部作は本当にすごい。忘れられない……。

● 今日のレシピはすき焼き。あの日吉館のすき焼きの再現レシピだ。材料は黒毛和牛、焼き豆腐、白滝、太目のながねぎ、それから京菜。これが無知を恐れずにいえば、いま店先にある品種とは違う。白いところ、茎がもっ

京菜ひとにぎり
和牛はひろげて室温にしておく
黒毛和牛肩ロース薄切り ....300g
京菜 ....ひとにぎり
ふとねぎ ......1本
白滝 ...ひとにぎり
焼とうふ ...1丁
しょう油 ...100ccぐらい
砂糖 ...大さじ2杯ぐらい
酒 ....ひと振り
1/2の長さに
ふとねぎはななめ切り
牛肉をひらたく並べ
砂糖ひと振り(大さじ1杯ぐらい)
しょう油ひと振り(50ccぐらい)
両面焼いて皿にうつす
しらたきは水で茹でておく
肉を焼いたフライパンにうつして…
煮汁をからめ
焼きとうふ
厚手の土ものの皿熱しておく…
ねぎを並べたら…ここでふたたび砂糖、しょう油を振りじっくり焼き込む…
最後に京菜をまとめて置いて….酒を振り入れ、
ふたをして…30秒
肉をのせた皿にすべてを移す!

と幅広で、全体にもっと短く、青いところがもっと深く濃い緑色で、見た目の張りよりも、煮て食べてみると柔らかく……ま、やめとこう！　一六の頃の僕がはじめて京菜に出会ったときの不確かな印象だったのかも知れない。

●今日は皿盛りでいく。鉄鍋でだらだら焼くのもいいけど、あつあつをさっと盛り合わせて、ポーション決めてガツーンと食って終わりといこう。

●キッチンで決めるんだったらフライパン。熱したフライパンに肉を広げるようにして並べ、砂糖と醤油を振り込んで絡めて返す。焼き上げたら温めておいた皿に移す。空いたフライパンに白滝を入れ、鍋底の焼き汁を絡め、豆腐、ねぎを置く。ここでふたたび砂糖と醤油を振り、返しながらじっくり焼きこんだら、京菜を加え酒を振りかけ、蓋をして蒸し煮にする……三〇秒。

●皿を選ぼう……肉厚の土ものの、食べる間だけは全部熱々に保てるやつを……にがにが京菜の茎が噛み切れない……はっはっは……そのまま飲み込んじゃえばいいのさ。あとは腹にまかせとけって……。

［タルト・タタン］

# フランス伝統のりんご菓子の再構成に挑戦!

●材料
りんご▼300〜350gのもの4個／グラニュー糖▼60g＋30g／バター▼60g／折りパイ生地▼19cm角で3mm厚くらい／あんずジャム▼適量

伝統菓子といっても、二〇世紀になってからの話。フランス中部オルレアンの近く、とある村の〈ホテル・テルミナス・タタン〉、そこのタタン姉妹がつくりはじめたということらしい。評判が評判を呼んで食通たちが遠くからも訪れるようになる……。ときあたかもベルエポックの時代。レストラン〈パリ・マキシム〉がメニューに載せることになり、その味はフランスならではの味として全世界に知れわたることとなった……ということらしい。一九六〇年代、若者たちによる革命が文化のあらゆる局面で進行し、パーソナルコンピュータが生まれようとしていたころ、〈パリ・マキシム〉の厨房では、世界のさまざまな料理の再構成に、早くも挑戦していたという。そしてこのタルト・タタンも例外ではなかった。今回紹介するレシピは、そのときのつくり方で、当時マキシムのギャルマンジェで働いていた料理人、熊谷喜八から聞いた話をもとにした。

ちなみにタタン姉妹のつくり方では、鉄鍋でキャラメリゼしたグラニュー糖の上にりんごを並べ、バターをたっぷりのせて、オーブンで全体が濃いアメ色になるまで火を通す。焼き上がった練りパイの皿の上に鉄鍋を返してりんごをのせる。トロトロにキャラメル化した鍋底のりんごがパイの上面になるので、やたらと旨そう……。

マキシムの再構成によると、あくまでも水分を保って、グラニュー糖とバターでくた

リンゴ 300〜350gのもの 4個
リンゴのおしりを見て リンゴの花を想像しよう!
ここのところ
水、レモンのしぼり汁
グラニュー糖 60g
バター 60g
花びらの間で5つに切り分ける、そうすると種が出てくる まわりをちょっと取る!
焼きあがりのパイ 19cm角
170°のオーブンで 90分
オーブン220°で 12〜13分
パイにあんずのジャムをぬり リンゴをぎっしりならべたら グラニュー糖30gをふりかけて
側をのこしなかをへこませる
けむり
けむ…り
けむり
タルトタタンのできあがり!!
よくよく熱したフライパンの底をたいらに押しつけて 表面にキャラメルをつくる 煙がすごい!!

くたに煮上げたりんごをパイの皿に隙間なくのせ、こてを使って上面、側面ともならしたあと、グラニュー糖をふりかけ、熱した焼きごてで表面をキャラメル化する。まったく逆のやり方だね!!

● 四人から六人分くらいで、三〇〇〜三五〇グラムの大きめのりんごを四個用意する。熊谷喜八は僕に「絶対ゴールデンデリシャス種だよ」といっていたが、それはフランスで「ゴールデン」という品種を使っているからで、イギリス人は「ペアメイン」だとか「ブレーマー」だとかスコットランドのりんごにこだわったりする。僕は「富士」でいくよ！　でっかくて、こいつをくたくたに時間をかけて煮るのは、何だかすごく楽しい！　りんごは五等分、「芯を抜く」なんていうけど、割ってから種と種のまわりの硬いところをとり除く。うまくやると最小限スッスッととり除けるからこたえられない。皮を剥いたら、レモン汁を入れた水の中に沈めておこう！

● 耐熱性の深皿にりんごをぎっしり並べる。グラニュー糖六〇グラムを全体にふりかけ、小さく切ったバターを六〇グラムあちこちに散らして、一七〇度の天火に入れる。一九〇度だとりんごが柔らかくなる前に角が黒く焦げたりする。一七〇度で大きく割ったりんごをじっくり煮込む。途中で皿を外に出し、りんごを一つひとつひっくり返したりすると、それも楽しい……。りんごはやがて縮んで小さくなり、指で押してみると中まで柔らかくなってくる。九〇分はたっぷりかかるはず。このとき全体は半透明で水分があり、決して焦げが入ったりしていない。まあ少しくらい焦げてもしょうがないけどね！

● 僕は絶対市販の冷凍の折りパイ生地を使う。一九センチ角で三ミリ厚くらいかな。りんごを煮上げた天火を二二〇度に上げ、天板にホイルを平らに敷き、四角い状態のままその上にのせて、中段で一二分。だけど冷凍庫から出していきなりはやめようね。早めに出して室温にしておこう！　四角いままふんわり焼き上げる。このとき、隅の方がちょっと黒くなるとうまそうだよ。生っぽいのは禁物！

ふんわり焼き上がったパイのまわりをそのままにして、中を手の甲でカサカサと抑えて若干沈ませる。その沈んで皿状になったところにあんずジャムをスプーンの背でまんべんなく塗りつける。僕はこれは防水材だと思っている。ベチャベチャとしたりんごがカリッとしたパイ皮を濡らさないようにね。りんごを一つずつ耐熱皿から出して、真ん中からまわりにぎっしり並べていく。このとき大きなりんごを包丁で半分に切って、隙間を埋めたりする。ルールはない。りんごを並べ終わったら、上からグラニュー糖三〇グラムを全体にまんべんなくふりかけて、よくよく熱した鉄製のフライパンの平らな底を使って焼き上げる。僕はこれ用に重い何の処理もしていないフライパンを持っている。両手仕事だよ。

台所に煙が立ち込める。もちろん警報機が鳴る!!　だからこれをやるのは、いつもベランダだ！

あとがき｜digestif

この一冊は〈建築家・添田浩のワンダーレシピ〉という表題で、三井不動産レジデンシャルの発行する会員誌『こんにちは』に連載されていたものをまとめたものである。もともと私はスケッチを描くのが仕事だ。ここがこうなって、ああなって……という具合に、頭の中身はたえず絵になって紙の上で伝えられる。あるとき三井不動産レジデンシャルでの会議の席上で、余談でグレープフルーツをアメリカではこう切ってこう食う、フランスではこうやって……と、絵を描きながら説明したことがあった。その絵が人の目に留まることとなり、こんな感じで『こんにちは』に毎号寄稿してくださいという話に発展した。

添田さん、手のスケッチがすてきですね。そう言われることが多い。私は料理は手だと思っている。プロの料理人の手には惚れ惚れする。自信にあふれた手の動きほど美しいものはない。私がそう感じ、そう気づいた最初の出会いは、フレンチの料理人熊谷喜八とのものだった。ごめん、ちょっと手を止めてください。私はそう言うと、手ぢかな紙をとって喜八の手元をスケッチさせてもらった。描きながら質問もした。喜八も厭うことなく丁寧に応えてくれた。以来、建築以外に私が最も多くの時間を割いたのは料理だったかもしれない。喜八との付き合いは八年間に及び、手元のスケッチは四〇〇枚を超えた。

中華料理の手本は神戸の林光だ。人がりんこうって呼ぶから、つい私もりんこうって言うが、林光こそは、某有名料理店が元といわれる中華海鮮の創始者だ。林は三ノ宮で友好食堂の名でラーメンとか焼そばを食わせる小さな店を出していたが、なにか面白いものをつくれと客にせがまれて即興で出した一皿から、中華の新ジャンルが始まったとか。私も例の鯛の刺身、頭としっぽを両脇において大根の千切りをこんもり置き、あっという間に切りあげた刺身を大きな中華包丁で一気にさらって、その上に盛り上げる林光の手元を、スケッチこそ残してないがいまでもはっきりと覚えている。私は食事に同伴した仲間をテーブルに置いて呼ばれるままに厨房に入り、林光を手伝いながらいくつか免許皆伝となった。

日本料理は石田広義。二〇年以上の付き合いだが、厨房を覗いたことは一度もない。そしてそれはそれでいいんだと言わせるのが食事の後の石田のサービスだ。私の前にどーんと座り、じっくりと話をする。聞けば徹底的に話す。面白いのは前に聞いた話を私が蒸し返すときだ。ああ、そうだったかなー。それがすべて。伝統ある京料理の範疇にあって料理の原点と向き合う厳格なその姿とは裏腹に、月ぎめの品々は二度と出されることはない。聞けばああそうだったかなーなんである。生粋のクリエーターが石田だ。世界の料理人が彼の元に通うのもうなずける。

喜八と出会う数年前、私は赤坂にできるフレンチレストランの設計を依頼された。オーナーの他に、後にパント・ルージュと命名されたそのレストランの支配人となる秋山利彦と料理長となる西方駿輔がいた。秋山は当時ホテルオークラのベルエポックの支配人をしていて、エコール・オテリエ・ローザンヌのライセンス持ち。西方はパリのタユバンで働き帰国したばかり。マキシム・ド・パリ東京店で日本産の食材を使いこなすための調整法を勉強している最中だった。時間も充分あったので、私たちは打ち合わせと称してしばしば高級フレンチの店で会食し、話に夢中になった。建築のことならまかせろと私も言いたかったが、実際に働いたことのある彼らの経験に頼るしかなかったのが現実だった。もっと知りたいと言うと、秋山は当時ホテルオークラの総料理長をしていた小野政吉を紹介してくれたこともあった。前後の脈絡は忘れたが小野は私の目の前で鶏を一羽、ものの一〇秒たらずでコッコバン用に切り分けてみせてくれた。腰のあたりで握る出刃包丁の小さな動きとは対照的に、刃先をめぐり手早く動く材料を持つ手の動きが印象的だった。あれだけの大人物が即興でそんなものを見せてくれたのには訳があった。御子息が建築科に入学したところだったとかで、私には特にやさしかったみたいだ。ホテルの黒服たちの研修にも参加させてもらって、客席でのカービングの技術を見せてもらった。プーレ、カナール、セル・ダニュオー、などなど。魚ではソーモン、ルー・ド・メールそれに鰯。焼きたての鰯を六匹、皿に並べ、利き手ひとつで手のひらに握ったスプーンとフォークで頭を取り背を割って、中骨を外し元に戻す。六匹全部それをやってテーブル皿に移し客の前に置く。焼きたてを食わせたかったら厨房からテーブルまで運ぶ間に三匹やっちまえ、客に見せてボアラ・サーデンロティ、脇のカービングテーブルで残りの三匹をすませろ……。なんてすばらしい人たちだったろうと思い出すと、胸が熱くなる。この冊子の最初の一皿、グレープフルーツのカクテルは当時秋山から教わったやりかただ。もちろん秋山はメンドテール、手で直に握ったりはしない。フォーク一本で最後までグレープフルーツを空中に保つのである。

パント・ルージュは無事オープンにこぎつけ、オードブルからデセールまで一〇八の料理をメニューにのせた。当時高級レストランでは三品とか四品ずつの構成が常識で、それは高貴な館での三日間あるいは四日間の集まりに供される品々を模していた。一〇八のメニューは、あきらかにそれとは異なる主張を示していて、内容は保守的だったが決定的に新しかった。オープン間際には私は単身パリへ行き、サン・ジュネビエーブ・ド・ボアの鍛冶屋で設計位置にピッタリ納まるロティスワーをつくらせ、レアールの道具屋で西方から頼まれたカナール・プレスを調達した。それは客席の目の前でカナール・ロティから取り出したガラの部分から血と髄を搾り出す道具で、これを使ってつくったカナール・ロティ・ソース・オーゾリーブはパントルージュで最も保守的とも言われ、あるいは当時も今も他にない最もソフィスティケートされたものとも言われた。貴族的とも、野蛮だとも言われたが、秋山はにやっと笑って言っていた。だけど、うちはマックロー・バンブロンもセルベール・ダニュオーも出すぜ……。

久保山ゆうじ。世田谷のドマーニといえば当時知らない人はいなかった。ゆうじはドマーニの経営者でありシェフでもあった。しかしプロの料理人たちからは、その不真面目な自己流の技術を話にもならないと馬鹿にされていた。実は私が料理に関心をもった最初の店が、ここドマーニだった。店は黒服を置かなかった。皆白服、つまりコックたちで、全員で仕込みもしたしサービスもした。夕方オープンすると仕込み中のものも生のままの素材も、これみよがしにオープンキッチンの二段カウンターの上の段に並べ、客には下の段で食わせた。大声で客の注文を繰り返すと、ストーブ前がこれまた大声で繰り返した。カタカナメニューの内容を客に問われると、だれでも即応できた。素材は目の前にあったたし、全員で仕込みに当たったんだから。トマトソースには醤油を加えていたし、パエリアはサフランの香りのするチャーハンだったが、すべての客にとって料理がやたら近かった。

名を成した熊谷喜八はフランスでのつらい修行時代、その後の帰国後の成功、アカデミー・キュイジーヌ・フランセーズへの登記と輝かしい経歴にもかかわらず、自らの料理を無国籍料理と呼ぶことを躊躇《ためら》わなかった。みんな同世代だったわけではないが同時代を生きた。そしてこれまで誰もしなかったことに挑戦した。怖いことなどなにもなかった。伝統的なものから自らを切り離そうとすることに挑戦していたとみんなが思っていたが、今から思えばもしかしたら逆に何物をも切り捨てない生き方に挑戦していたのかもしれない。多分、だからなにも怖いことなどなかったんだろう。それにそれってかなり新しい。

Embrace Everything……抱きしめる手は包丁を握る手であり素材を持つ手である。訓練の所産と思って遠くに見てはいけない。自分の手を愛し信じれば、必ず自分の手元から世界は広がっていく。料理って、いや料理をつくるってほんとうにすばらしい。私は包丁も持ったけど鉛筆も持った。挑発にのってくれる人がいたら本望である。

添田　浩

●著者プロフィール

**添田 浩** Hiroshi Soeda

建築家、デザイナー。一九四二年東京生まれ。一九六七年東京芸術大学美術学部建築学科卒業。同修士取得。一九六九年『都市住宅』に「自邸」を発表、建築ジャーナリズムの注目を集める。一九七四〜一九八七、日本大学芸術学部住空間デザイン科非常勤講師。『Concerned Theatre Japan』に日本の演劇空間、祭りの空間の調査報告及び小論を寄稿。また、パリ、ウイーンなどで歴史的建築のレストレーションに参加する等、住宅設計を中心に、アーバンデザインから建築、ランドスケープデザインまで幅広いデザイン活動を展開する。料理人との交流も多彩で、とくに七〇年代後半の熊谷喜八氏との出逢いを通じ、独特の「料理スケッチ」のスタイルを確立。そのスケッチは、KIHACHIのメニューやパッケージなどにも採用された。三井不動産レジデンシャル会員誌『こんにちは』での連載以降、料理・スケッチ・エッセイが一体となった「ワンダーレシピ」のファンは、さらに広がりつつある。

初出▼『こんにちは』(発行：三井不動産レジデンシャル株式会社)連載「建築家・添田浩のワンダーレシピ」二〇〇四年四月号〜二〇一〇年四月号掲載分より抜粋・加筆。

好評発売中 ● 工作舎の本

## 茶室とインテリア ◆内田 繁

玄関を入ると靴を脱ぎ、床に座りたがる日本人の身体感覚を活かす空間デザインとは？　日本の伝統文化のデザインを通じ、暮らしの将来を描き出す。

◉A5判変型上製◉152頁◉定価　本体1800円＋税

## Designscape［デザインスケープ］ ◆内田 繁

世界を舞台に活躍するインテリア・デザイナー、内田繁の作品集。うつろいゆく和の味わいと現代性を兼ね備えた茶室、椅子、照明器具…。内田繁作品の魅力を余すところなく紹介。

◉B5判変型◉112頁◉定価　本体2400円＋税

## ジオメトリック・アート ◆カスパー・シュワーベ＋石黒敦彦 ◆土肥博至＝監修 ◆杉浦康平＝編・造本

対称性、空間分割するデザイン、組む・結ぶデザイン、動きのデザインなど、美しく不思議な「幾何学モデル」が満載のヴィジュアルブック。オールカラー。

◉A4判変型◉216頁◉定価　本体3900円＋税

## 五つの感覚 ◆F・ゴンサレス＝クルッシ　野村美紀子＝訳

科学とヒューマニズムの世界の懸橋になりたいと願う病理学者が、人間の五感をめぐるエッセイを綴る。「胎児も痛みを感じる」「人を癒す音楽」「聖者の芳香」など。

◉四六判上製◉224頁◉定価　本体2000円＋税

## 感覚の力 ◆コンスタンス・クラッセン　陽 美保子＝訳

視覚を中心として成立する現代社会。その文化に染まらず育った野生児たちの超人的な感覚、熱によって世界を認識する部族などをとりあげ、感覚と文化の多彩な関連性を明らかにする。

◉四六判上製◉224頁◉定価　本体2200円＋税

## 匂いの魔力 ◆アニック・ル・ゲレ　今泉敦子＝訳

中世ではペストの原因は「臭い」だと信じ芳香で予防していた！　誘惑・差別・治癒など「生命の原理」と分ちがたい匂いの歴史をひもときながら、その力の秘密に迫る。

◉ 四六判上製◉280頁◉定価　本体2200円＋税

WONDER RECIPE　ワンダーレシピ

発行日――二〇一〇年一〇月三〇日
著者――添田 浩
編集――米澤 敬
エディトリアル・デザイン――宮城安総＋佐藤ちひろ＋小倉佐知子
制作協力――三井不動産レジデンシャル株式会社＋株式会社読売広告社
印刷・製本――三美印刷株式会社
発行者――十川治江
発行――工作舎　editorial corporation for human becoming
〒169-0072　東京都新宿区大久保2-4-12 新宿ラムダックスビル 12F
phone: 03-5155-8940 fax: 03-5155-8941
URL: http://www.kousakusha.co.jp
e-mail: saturn@kousakusha.co.jp
ISBN978-4-87502-431-6